Den Schatz der Schrift aufschließen

Frère Richard, Taizé

Den Schatz der Schrift aufschließen

Biblische Anregungen aus Taizé

EDITION TAIZÉ HERDER

Originalausgabe:
Ouvrir le trésor des Écritures – Bribes bibliques

Deutsche Version vom Autor

MIX
Papier | Fördert gute Waldnutzung
FSC® C014496
www.fsc.org

Für die deutschsprachige Ausgabe:

Hermann-Herder-Str. 4, D-79104 Freiburg

www.herder.de
Bei Fragen zur Produktsicherheit wenden Sie sich an:
produktsicherheit@herder.de

Umschlagmotiv: Sabine Leutenegger,

Covergestaltung: Verlag Herder
Satz: Barbara Herrmann, Freiburg
Herstellung: GGP Media GmbH, Pößneck

Printed in Germany

ISBN (Print) 978-3-451-39234-4
ISBN E-Book (PDF) 978-3-451-84234-4

Inhaltsverzeichnis

Vorwort

Die vorliegenden biblischen Versuche verbinden Exegese, theologische Reflexion und das Bestreben, zusammen mit der Bibel auch unsere Zeit und Welt zu lesen. Der auferstandene Christus »schloss die Schriften auf« (Lk 24,32), als er mit seinen Gefährten nach Emmaus unterwegs war. Nach seinem Vorbild »holen wir aus ihrem Schatz Neues und Altes hervor« (Mt 13,52).

Die zwölf Kapitel gehen mit Ausnahme des ersten über die Geschwisterlichkeit auf frühere Vorträge und Beiträge zurück. Sie wurden für diese Veröffentlichung überarbeitet, übersetzt und erweitert. Sie können je für sich gelesen werden, bilden aber auch ein Ganzes: keine systematische Darstellung, aber doch eine Art Einführung in christliches Leben und Denken. Das Buch vertieft biblische Themen wie Geschwisterlichkeit, Gerechtigkeit und Barmherzigkeit, Freude und Vergebung, Ratlosigkeit und Begeisterung, Gottes Königsherrschaft in der Kirche und in der Welt – in der Hoffnung, dass in den gewonnenen Einsichten das Ganze des Glaubens aufscheint. Es enthält weniger abschließende Antworten als Anregungen zum Weiterdenken. Es ist lückenhaft und fragmentarisch, aber bezeugt die Erfahrung, von der schon im 2. Petrusbrief die Rede ist: dass bei der geduldigen Beschäftigung mit den alten Schriften im Herz der Lesenden »der Tag anbricht und der Morgenstern aufgeht« (2 Petr 1,19).

Dieses Buch ist auf dem Boden von Taizé gewachsen. Ohne die Barmherzigkeit Gottes und die Gemeinschaft meiner Brüder, die ich, wie es Brauch ist, bei meinem Lebensengagement in der Communauté erbat, wäre es nicht zustande gekommen. So ist es nicht verwunderlich, dass sich ein wenig Taizéluft in die biblische Inspiration mischt, bald unmerklich und bald mit ausdrücklichen Bezügen auf das Leben der Brüder und die Jugendtreffen.

Das Projekt Geschwisterlichkeit

»Seht, wie gut und wie schön es ist, wenn Geschwister beieinander wohnen!« (Ps 133,1) Die Bibel singt vom Glück der Geschwisterlichkeit. Und sie erzählt vom langen Weg, der zu ihr führt. Sie ist keine natürliche Gegebenheit, sondern ein Projekt.[1]

Der schwierige Weg zur Geschwisterlichkeit – Das Buch Genesis[2]

Kain und Abel

Das erste Buch der Bibel ist voller Familiengeschichten. Sie zeichnen sich durch ihren Realismus aus. Geschwisterlichkeit ist schwierig: Wo es Brüder, wo es Schwestern gibt,

---

[1] »[…] der Brudermord, der Mord Abels […] macht aus der Geschwisterlichkeit ein ethisches Projekt und nicht mehr eine einfache Gegebenheit der Natur.« Paul Ricœur, *Le paradigme de la traduction*, in: *Esprit* (Juni 1999), 8–19 (13).

[2] Mehrere Beobachtungen und Gedanken in diesem Kapitel über das Buch *Genesis* gehen auf Artikel von André Wénin und Jean-Pierre Sonnet zurück: A. Wénin, *La question de l'humain et l'unité du livre de la Genèse*, in: A. Wénin (Hg.), *Studies in the Book of Genesis*, Leuven 2001, 3–34; A. Wénin, *Ismaël et Isaac, ou la fraternité contrariée dans le récit de la Genèse*, in: *Études théologiques et religieuses* 90 (2015), 489–502; J.-P. Sonnet, «*J'ai vu ton visage comme on voit le visage de*

sind Konflikte nicht weit. Die Bibel scheut sich nicht, die Dinge beim Namen zu nennen. Sie beginnt mit einem Brudermord. Kain erschlägt seinen Bruder Abel (Gen 4).

Warum können Kain und Abel nicht miteinander leben? Sie haben zwei auf den ersten Blick gegensätzliche Probleme: ihr Anderssein und ihre Ähnlichkeit. Sie unterscheiden sich: Kain ist sesshafter Landwirt, Abel Hirt und Nomade. Aber als Brüder, Söhne derselben Eltern, gleichen sie sich auch.

Unterschiede erzeugen Spannungen. Eine größere Schwierigkeit ergibt sich jedoch häufig aus der Ähnlichkeit. Kain und Abel sind sich zu ähnlich, um einander nichts anzugehen und sich in Ruhe zu lassen. Sowohl anders als auch ähnlich zu sein, schafft Rivalität und Konkurrenz. Man braucht kein Fußballexperte zu sein, um zu verstehen, dass zwei Teams ein ähnliches Niveau haben müssen, um in derselben Liga zu spielen, es aber nur Unentschieden gäbe, wenn sie sich nicht auch unterscheiden würden.

Im Fußball gewinnen nicht immer dieselben. Bei Brüdern ist es ebenso: Manchmal hat der eine, dann wieder der andere Erfolg. Aber unter Geschwistern gibt es einen Unterschied, der zwischen Fußballteams nicht besteht und den nichts auf der Welt aufheben kann. Ein älterer Bruder bleibt immer der ältere. Und ein jüngerer Bruder bleibt der jüngere, auch wenn er es im Leben tausendmal weiter brächte als der ältere. Manche Kulturen, zum Beispiel der Konfuzianismus, sind darauf bedacht, die Rangordnung zu schützen. Die biblische Tradition betont ihre Unbeständigkeit.

Dieu» (Gen 33,10). Un comble: la surprise entre jumeaux, in: Geert Van Oyen – André Wénin (Hg.), *La surprise dans la Bible. Hommage à Camille Focant* (BEThL 247), Leuven 2012, 15–31.

Kain bringt ein Opfer dar, Abel tut es ebenfalls. Der Jüngere ahmt den Älteren nach: So ist es unter Brüdern oder Schwestern. Zunächst ist der große Bruder stolz darauf, Vorbild zu sein. Aber die Lage kippt, wenn der Kleinere auf einmal besser ist. Die Genugtuung des Vorbilds wird zum Schmerz des Verlierers, der vom Nachkömmling überholt wird. Nicht nur Kinder werden in das, was René Girard »mimetische Rivalität«[3] nennt, verwickelt.

Kain ist in ihren Bann geraten. »Sein Gesicht fiel«, sagt die Bibel (Gen 4,5), als er sah, dass Abel mehr Erfolg hatte als er. Wäre denn Abel ohne sein Vorbild überhaupt auf die Idee gekommen, ein Opfer darzubringen? Und was geschah? Gott ignorierte Kain und nahm das Opfer seines Bruders an! Es hat keinen Sinn, nach dem Warum zu fragen. Das Leben ist so. Das Glück lächelt mal dem einen, mal dem andern zu. Doch Kains Schmerz ist verständlich. »Da überlief es Kain heiß« (Gen 4,5), oder wie Luther übersetzte: »er ergrimmte sehr«. Schmerz und Wut trieben ihn zum Mord.

Die Erzählung deutet an, dass Kain den tödlichen Ausgang des Konflikts noch hätte vermeiden können. Dass Gott sein Opfer ignoriert, heißt nicht, dass er sich nicht für ihn interessiert. Gott spricht mit ihm. Er ermutigt ihn, frei aufzublicken und die Oberhand zurückzugewinnen. Nicht die Oberhand über seinen Bruder, sondern über seinen Neid, der ihn wie ein lauerndes Tier bedroht und schlussendlich in seinen Krallen hat (Gen 4,6–7).

---

[3] Siehe z. B. René Girard, *Im Angesicht der Apokalypse. Clausewitz zu Ende denken. Gespräche mit Benoît Chantre*, Berlin 2014.

Noah und seine Familie

Die Familiengeschichte Abrahams, Isaaks und Jakobs wird die Ratlosigkeit, welche dieser mörderische Anfang hinterlässt, überwinden. Zunächst aber eine kurze Bemerkung zur Familie Noahs (Gen 6–9). Vor der großen Flut baut er ein großes Schiff. Er holt von allen Tieren ein Paar[4] in die Arche. Das genügt, um ihren Fortbestand in der neuen Welt, die aus der Flut hervorgehen wird, zu gewährleisten. Mit den Menschen ist es anders. Sie betreten die Arche als Familie, insgesamt acht Personen: Noah mit seiner Frau und seine drei Söhne mit ihren Frauen.

Dieser Unterschied zwischen Tier und Mensch wird nicht umsonst betont. Für die biologische Kontinuität reichen ein Männchen und ein Weibchen. Die Zukunft der Menschheit ist aber nicht nur eine Frage der Biologie, sondern auch des sozialen Lebens. Drei Brüder, Sem, Ham und Jafet, finden mit ihren Frauen in der Arche Schutz, weil es menschliches Leben ohne Geschwisterlichkeit nicht geben kann. Auch sie muss durch die Flut gerettet werden.

Die Geschichte der Familie Abrahams

Auf Noah folgt die Familiengeschichte Abrahams bis zur vierten Generation (Gen 12–50). Das Buch Genesis steckt den Weg ab, der von mörderischer Eifersucht zu gelingender Geschwisterlichkeit führt. Abrahams Söhne Ismael und Isaak

---

[4] Eine Ausnahme sind die sogenannten reinen, für die Opfer bestimmten Tiere, von denen Noah je sieben Paare in die Arche aufnimmt.

stehen für eine erste Etappe. Sie sind zwar verfeindet, aber begehen keinen Mord. In der nächsten Generation gelingt es Esau und Jakob, die Feindschaft zu überwinden. Sie versöhnen sich, bleiben aber auf Distanz. Dann kommen die Kinder Jakobs: Josef, seine Schwester Dina und seine elf Brüder. Ein gefährlicher Konflikt hätte Josef beinahe das Leben gekostet. Aber die Brüder versöhnen sich und werden zum Volk, das nach dem neuen Namen ihres Vaters Israel heißt und in seinen Liedern singt: »Seht, wie gut und wie schön es ist, wenn Geschwister beieinander wohnen!« (Ps 133,1)

Ismael und Isaak haben ihre Schwierigkeiten, als Brüder zusammenzuleben, von ihren Eltern geerbt. Abrahams Frau Sara kann zunächst keine Kinder bekommen. Sie leiht ihrem Mann ihre Dienerin Hagar aus, er soll mit ihr einen Sohn zeugen. Hagar wird glückliche Mutter Ismaels. Aber das Ansehen, das sie dadurch gewinnt, stellt ihre Meisterin in den Schatten. Sara, die doch das Ganze in die Wege geleitet hat, ist zutiefst bekümmert (Gen 16). Später bekommt auch sie ein Kind. Isaak mag seinen älteren Bruder. Aber Sara kann es nicht ertragen, ihr Kind mit ihm spielen zu sehen. Sie erreicht bei Abraham, dass er Hagar und Ismael in die Wüste schickt (Gen 21). Die beiden Brüder werden einander feind sein, ohne recht zu wissen warum. Ihre Feindschaft wurzelt in Eifersucht und Machtkämpfen, die nicht die ihren sind. Sie werden sich ein einziges Mal treffen: um ihren Vater Abraham zu begraben (Gen 25,8–9).

Isaaks Söhne Esau und Jakob sind Zwillinge, aber sehr verschieden. Esau ist »über und über mit Haaren bedeckt«, ein Jäger und »ein Mann des freien Feldes«, Jakob hingegen »ein gesitteter Mann« (Gen 25,19–34). Ihr Anderssein hebt aber die Tatsache nicht auf, dass sie Zwillinge sind. Sie haben denselben Vater und dieselbe Mutter und denselben Geburtstag. Die aus Ähnlichkeit und Anderssein resultierende Rivalität, die bei Kain und Abel zum Brudermord führte, bedroht auch ihr Zusammenleben.

Zwillinge haben denselben Geburtstag, aber sie können nicht gleichzeitig geboren worden sein, es gibt zwangsläufig einen Älteren und einen Jüngeren. In der biblischen Geschichte versucht Jakob schon bei der Geburt, die Rangfolge umzukehren. Er klammert sich an der Ferse seines Bruders Esau fest und versucht, ihn zu überholen (Gen 25,26). Trotzdem verlässt er den Mutterleib als Zweiter. Was er bei seiner Geburt nicht erreicht, schafft er später. Mit List und mit der Hilfe seiner Mutter kauft er seinem Bruder um den Preis des berühmten Linsengerichts das Erstgeburtsrecht ab (Gen 27). Sein Verhalten kommentiert der Prophet Hosea mit harten Worten: »Schon im Mutterleib hat er seinen Bruder betrogen« (Hos 12,4). Das biblische Projekt der Geschwisterlichkeit hat nichts mit kleinkarierter Moral zu tun hat: So einer wie Jakob wurde Stammvater des heiligen Volkes!

Den Namen Israel, den auch das Volk Gottes trägt, erhielt Jakob kurz vor der Begegnung mit seinem Bruder Esau nach langen Jahren der Trennung (Gen 32). Eine ganze Nacht kämpfte er mit einem geheimnisvollen Gegner – mit Gott, mit seinem Bruder, mit sich selbst. Gott sprach zu ihm: »Du hast mit Gott und mit Menschen gestritten und hast gesiegt.« (Gen 32,29) Jakob gewann die Oberhand, nicht über seinen Bruder Esau, sondern über seine eigene List und seinen Ehrgeiz. Er wurde demütig. Er sagte zu Esau: »Ich habe mich deiner Gegenwart gestellt, wie man sich der Gegenwart Gottes stellt, und du hast mich freundlich angenommen.« (Gen 33,10) Die Brüder weinten, umarmten und versöhnten sich. Aber Jakob machte Esau klar, dass sie besser nicht zu nahe beieinander leben sollten. Er wollte neue Konflikte vermeiden.

Für Jakob war die Begegnung mit seinem Bruder eine Begegnung mit Gott. Ein *Agraphon* – ein »ungeschriebenes«, nicht in den Evangelien, sondern bei den Kirchenvätern Clemens von Alexandrien und Tertullian von Karthago überliefertes Wort Jesu – lautet: »Hast du deinen Bruder gesehen, so hast du deinen Gott gesehen.«[5] Als junger Mann schaute Jakob, unterwegs ins Exil, in Betel den offenen Himmel (Gen 28). Er sah Gott von Angesicht zu Angesicht, als nach der durchkämpften Nacht der Tag anbrach und er das Gesicht seines Bruders sah.

Jakob hatte eine Tochter und zwölf Söhne (Gen 29,31 – 30,24 und 35,16–18). Sein Lieblingskind war Josef, sein Zweitjüngster, der sich damit in einer ähnlichen Lage befand wie Abel, dessen Opfer Gott bevorzugte. Mit seinem Großvater Isaak hatte Josef die komplizierten Eheverhältnisse seiner Eltern gemeinsam: Seine Mutter Rachel war die Lieblingsfrau unter den vier Gattinnen seines Vaters. Wie sein Vater Jakob war Josef ehrgeizig und hatte es auf den ersten Platz abgesehen. Er träumte, dass sich seine Brüder und sogar seine Eltern vor ihm verbeugten (Gen 37,5–11), und war blauäugig genug, derartige Träume auch noch zu erzählen. Seinen Vater machten sie nachdenklich, aber seine Brüder empörten sich. Um ein Haar brachten sie ihn um, entschieden aber, ihn als Sklaven nach Ägypten zu verkaufen (Gen 37).

---

[5] Clemens von Alexandrien, *Stromata*, I, 19, 94, 5 und Tertullian von Karthago, *De oratione* 26, 1 (*Écrits apocryphes chrétiens I*, Bibliothèque de la Pléïade, Paris 1997, 491).

Jahre später begegneten sie ihm wieder. Er hatte Karriere gemacht, in Ägypten war er die ranghöchste Person nach dem Pharao. Ohne zu wissen, dass sie vor Josef standen, verneigten sich seine Brüder vor ihm und verwirklichten damit seinen Jugendtraum (Gen 42). Aber Josef war schon längst nicht mehr auf Ehren aus. Was ihm am Herzen lag, war das Wohl seiner Familie. Er erkundigte sich nach ihr, passte aber auf, seine Brüder nicht erraten zu lassen, wer er war. Es sollte ihnen beim Erzählen ihrer Familiengeschichte schmerzhaft bewusst werden, was sie Böses getan haben. Josef wusste, dass Versöhnung nur um diesen Preis möglich war. Erst nachdem er sie lange hingehalten und auf die Probe gestellt hatte, gab er sich zu erkennen: »Ich bin Josef, euer Bruder.« (Gen 45,4) Dieses Mal versöhnten sich Brüder nicht nur, sondern blieben auch zusammen und teilten fortan ihr Leben. Die ganze Familie Jakobs ließ sich in Ägypten nieder.

Was machte diesen guten Ausgang der Geschichte möglich? Die Ausgangsbedingungen waren schlecht, die Brüder alles andere als vorbildlich. Was ließ das Projekt Geschwisterlichkeit gelingen?

Das Buch Genesis deutet an, dass es der Gott überlassene Platz ist. Anders als beim Auszug aus Ägypten, wo er »mit starker Hand und mit ausgestrecktem Arm, mit großen und furchtbaren Taten« (Dtn 4,34) eingreift, wird Gott in der Josefsgeschichte kaum erwähnt. Aber Josef erkennt seine Gegenwart in entscheidenden Augenblicken. Anstatt seine Brüder dafür anzuklagen, dass sie ihn als Sklaven verkauft haben, sagt er: »*Gott* hat mich vor euch her nach Ägypten gesandt.« (Gen 45,5–8) Weil er die verborgene Anwesenheit Gottes in dem erkennt, was ihm widerfährt, verurteilt er seine Brüder nicht. So brauchen sie sich nicht zu rechtfertigen, und Geschwisterlichkeit wird möglich.

Das letzte Kapitel des Buches Genesis enthält eine diskrete, aber präzise Anspielung auf seinen Anfang. Adam und Eva, die Eltern des ersten Bruderpaares, hatten ja nicht Lust auf einen Apfel, sie begehrten die Erkenntnis von Gut und Böse, sie wollten wissen, was für sie gut oder schlecht war (Gen 3). Was sollte daran falsch sein? Brauchen wir nicht alle zum Leben Weisheit und Erkenntnis? Wie sollen wir, ohne zu wissen, was gut oder schlecht für uns selbst oder für andere ist, Entscheidungen treffen können? Nach der Bibel ist die Erkenntnis von Gut und Böse eine Grundvoraussetzung für alle Verantwortungsträger, insbesondere für die Könige (vgl. 1 Kön 3,9).

Josef verhält sich aber gerade nicht wie Adam und Eva. Nach Jakobs Tod sind seine Brüder besorgt. Hat er ihnen wirklich vergeben oder war er nur großmütig, um ihren alten Vater nicht zu betrüben? Josef spricht: »Bin ich denn an Gottes Stelle? Ihr zwar habt Böses gegen mich geplant, Gott aber hat es zum Guten gewendet, um zu tun, was jetzt zutage liegt: ein so zahlreiches Volk am Leben zu erhalten.« (Gen 50,19–20) Während Adam und Eva die Erkenntnis von Gut und Böse begehrten, um wie Gott zu werden, weigert sich Josef, an Gottes Stelle über Gutes und Böses zu richten.

Er war gewiss wie kaum ein anderer dazu fähig zu urteilen, sonst hätte ihn der Pharao nicht zum Statthalter über ganz Ägypten gemacht. Aber trotz seiner außergewöhnlich reichen Lebenserfahrung, oder vielleicht gerade wegen ihr, weigerte er sich, erschöpfende Erkenntnis von Gut und Böse zu beanspruchen. Er überließ sie Gott. Gott allein wusste letztendlich, was gut oder schlecht für ihn und seine

Brüder war. So ließ er Gott zum Guten wenden, was seine Brüder ihm angetan hatten, obwohl menschliches Recht ihre Taten verurteilen musste.

Der Verzicht darauf, Gottes Stelle einzunehmen und letztgültig zu entscheiden, was gut oder schlecht für einen selbst oder für andere ist, macht Geschwisterlichkeit möglich. Kain glaubte sofort zu wissen, dass das, was ihm geschah, ein Übel war. Aber vielleicht war das gar nicht der Fall. Gott wollte ja mit ihm sprechen, aber er hörte nicht zu. Josef hätte viel mehr Grund als Kain gehabt, seinen Brüdern todfeind zu sein. Sie hatten ihm wirklich Böses getan. Aber Josef setzte sein Urteil aus, damit Gott eine Zukunft eröffnen konnte.

Gelingende Geschwisterlichkeit braucht Spielraum. Gott das letzte Wort über Gut und Böse zu überlassen, schafft ihn.

Wenn Geschwister singen – Das Buch der Psalmen

Im Buch der *Lobpreisungen* – so hat Martin Buber *Tehillim*, den hebräischen Titel des Psalters, übersetzt – kommt das Wort »Bruder« genau sieben Mal vor. Die siebte Stelle ist der Vers: »Seht, wie gut und wie schön es ist, wenn Brüder beieinander wohnen!« Der Psalm 133, der so anfängt, singt einfach und unbeschwert vom Glück der geschwisterlichen Gemeinschaft im Leben des Volkes Gottes. Der erste der Psalmen, in denen das Wort »Bruder« vorkommt, ist im Gegensatz dazu komplex und dramatisch. Psalm 22 beginnt mit den Worten aus tiefer Verzweiflung, die Jesus am Kreuz betete und schrie: »Mein Gott, mein Gott, warum hast du mich verlassen?« (Ps 22,2; Mk 15,34)

Der Psalm beginnt mit bitterer Klage. Ein Gerechter leidet, wird verspottet, bedroht und misshandelt. »Ich bin ein Wurm und kein Mensch.« (V. 7) Jedermann kann ihn zertreten. Er ist von der Gemeinschaft ausgeschlossen, seinen Mitmenschen fremd. In einem weiteren der sieben Psalmen, die das Wort »Bruder« enthalten, heißt es: »Entfremdet bin ich meinen Brüdern, ein Fremder den Söhnen meiner Mutter.« (Ps 69,9) Man verteilt die Kleider des Geschändeten (Ps 22,19): Er ist zwar noch am Leben, aber schon so gut wie tot.

Unversehens wandelt sich seine Klage in Lob: »Ich will deinen Namen meinen Brüdern verkünden, inmitten der Gemeinde will ich dich loben.« (V. 23) Woher kommen sie auf einmal, seine Brüder? Wer sind sie? Sie fehlten ihm so sehr in seiner Not. Was ist geschehen, dass er nicht mehr ausgegrenzt und verachtet, sondern von zahlreichen Geschwistern umgeben ist? Was macht ihn zum Mittelpunkt einer »großen Gemeinde« (V. 26)?

Gott »hat nicht verachtet noch verabscheut des Elenden Elend« (V. 25). Wie ihn Gott vom Tod errettet hat, wird nicht erwähnt. Eine solche Leerstelle ist nicht außergewöhnlich. Denn ein Psalm erzählt kein Einzelschicksal, sondern ist literarischer Niederschlag vieler Erfahrungen. Josef hätte den Psalm 22 beten können. Er wurde von seinen Brüdern verfolgt. Sie wurden ihm wie die Ungeheuer der Schreckensvision im Psalm, Wildstiere mit aufgerissenem Löwenrachen (V. 13–14). Aber Gott errettet die Armen von ihren Feinden.

Im Psalm findet der leidende und verlassene Gerechte mit dem Lobgesang auch die Gemeinschaft wieder. Er lebt auf und singt und kann als Singender nicht allein bleiben. Er lädt ein, er umgibt sich mit Brüdern und Schwestern und erzählt, was Gott für ihn getan hat. Er will, dass sie seine Freude teilen, und gibt ein Festmahl: »Die Armen sollen essen und satt werden.« (V. 27)

Wie im Buch Genesis kommen im Psalter sowohl die Bedrohung der Geschwisterlichkeit als auch ihr Gelingen zur Sprache. Verachtung und Gewalt bedrohen das Zusammenleben. Wenn aber Gott den Gedemütigten und Misshandelten Ehre und Lebensfreude zurückgibt, haben sie auch wieder Brüder und Schwestern.

Manchmal ist ein innerer Kampf durchzustehen, »um die Freude wichtiger zu nehmen als sich selbst«,[6] um zur Freude zu gelangen, die ansteckt, sich verbreitet und zur Gemeinschaft wird. Wer zum Lobgesang findet, ist niemandem mehr gram. Das Feuer der Freude verzehrt tief verwurzelte Bitterkeit. Kein Groll mehr wirft seine Schatten. Wer singt,

---

[6] Pierre GANNE SJ, *Claudel, humour, joie et liberté*, Paris 1966, 38.

nennt selbst die, die ihn hassen, Brüder und Schwestern.[7] Die Freude bringt »alle Enden der Erden« und »alle Stämme der Völker« in den Kreis der Geschwister (Ps 22,28).

Das Neue Testament legt auf die Lippen Jesu nicht nur den Beginn des Psalms – »Mein Gott, mein Gott, warum hast du mich verlassen« –, sondern auch den Vers, der die Wende von Klage und Verlassenheit zu Gesang und Gemeinschaft markiert. Christus schämt sich nicht, sie Brüder und Schwestern zu nennen und zu sagen: »Ich werde deinen Namen meinen Brüdern verkünden, inmitten der Gemeinde werde ich dich loben.« (Hebr 2,11–12; Ps 22,23) Der auferstandene Jesus schämt sich nicht, Menschen, die ihn verlassen und verleugnet haben, zu Geschwistern zu haben. Die Freude seiner Auferstehung löst auf, was die geschwisterliche Liebe trüben könnte.

Singen macht froh und großzügig und fördert die Geschwisterlichkeit. Das Buch der Psalmen beschreibt den Weg, der gleichzeitig von der Klage zum Lob und von der Einsamkeit zur immer umfassenderen Gemeinschaft führt.

Im Lobgesang weitet sich der Kreis der Geschwister, bis er die ganze Schöpfung einschließt. Das zeigen drei aufeinander folgende Psalmen am Ende des Psalters. Der Psalmist fordert zunächst sich selbst zum Lob auf: »Lobe den Herrn, meine Seele!« (Ps 146) Dann seine Stadt: »Jerusalem, rühme

[7] Ein Ostergebet der byzantinischen Tradition lautet: »Dies ist der Tag der Auferstehung: Lasst uns licht werden an diesem Fest und einander umarmen. Lasst uns auch diejenigen Brüder und Schwestern nennen, die uns hassen. Lasst uns alles um der Auferstehung willen vergeben und rufen: Christus ist auferstanden von den Toten, durch den Tod hat er den Tod zertreten und denen, die in den Gräbern sind, das Leben geschenkt.«

den Herrn, lobe, Zion, deinen Gott.« (Ps 147) Und schließlich das All: »Lobt ihn, Sonne und Mond, lobt ihn, all ihr leuchtenden Sterne [...] Lobt ihn, ihr Ungeheuer und alle Fluten, Feuer und Hagel, Schnee und Nebel [...] ihr Berge und all ihr Hügel, ihr Fruchtbäume und alle Zedern, ihr wilden Tiere und alles Vieh, Kriechtiere und gefiederte Vögel.« (Ps 148)

Psalm 148 klingt weiter im Sonnengesang von Franz von Assisi. Schwerkrank kehrte er im Wissen um seinen nahen Tod in seine Heimatstadt zurück. Der Bischof und der Bürgermeister hatten sich zerstritten. Franziskus ließ ihnen seinen Gesang der Geschöpfe vorsingen, und die beiden versöhnten sich. Wie in den biblischen Lobpreisungen stiftet der Lobgesang Geschwisterlichkeit. »Gelobt seist du, mein Herr, mit allen deinen Geschöpfen, besonders mit Herr Bruder Sonne. [...] Gelobt seist du, mein Herr, durch unsere Schwester Mutter Erde, die uns erhält und für uns sorgt und vielfältige Früchte hervorbringt, zusammen mit bunten Blumen und Kräutern. Gelobt seist du, mein Herr, durch jene, die um deiner Liebe willen verzeihen und Krankheit und Bedrängnis ertragen. Selig sind, die sie in Frieden ertragen werden, denn du, Höchster, wirst sie krönen.«[8]

Der Gesang wechselt übergangslos von den bunten Blumen und den Kräutern zu den Friedensstiftern. Frieden verbreitet sich auf der Erde, wenn sich Menschen demütig als die kleinen Geschwister in die große Familie der Geschöpfe Gottes aufnehmen lassen. Was kann Arroganz und Stolz überwinden, wenn nicht die dankbare Freude?

---

[8] François d'Assise, *Écrits* (Sources chrétiennes 285), Paris 1981, 342–344 (eigene Übersetzung).

Von Abstammung zu Geschwisterlichkeit – Das Evangelium nach Matthäus[9]

Ihr alle seid Brüder und Schwestern

»Als Jesus den See von Galiläa entlangging, sah er zwei Brüder, Simon, der Petrus heißt, und seinen Bruder Andreas.« (Mt 4,18) Es hätte gereicht, die beiden einmal »Brüder« zu nennen, aber Matthäus legt nach: »und seinen *Bruder* Andreas«. Ebenso drei Verse weiter: »Er sah zwei andere *Brüder*: Jakobus, den Sohn des Zebedäus, und seinen *Bruder* Johannes.« (V. 21) Manche Übersetzungen lassen die Verdoppelung einfach weg. Aber Matthäus ist das Wort »Bruder« so wichtig, dass er es ohne Rücksicht auf den guten Stil wiederholt und betont.

Das ist ein Erbe Israels. Wie man es heutzutage in islamisch geprägten Ländern oder Stadtvierteln hören kann, sprachen sich damals die Juden gern mit »Bruder« an. In der Apostelgeschichte nennen sie einander »Brüder«, ob sie an Jesus glauben oder nicht (Apg 2,29 und 37).

Jesus wuchs in einer Umgebung auf, in der das Familienleben ein große Rolle spielte. In Nazaret sagt man: »Ist das nicht der Sohn des Zimmermanns? Heißt seine Mutter nicht Maria, und sind nicht Jakobus, Josef, Simon und Judas seine Brüder? Und leben nicht alle seine Schwestern bei uns?« (Mt 13,55–56) Aber er hatte eine eigenartig gebrochene Bezie-

---

[9] Dieses Kapitel wurde angeregt durch den Artikel von Jean-Pierre Sonnet, *De la généalogie au «Faites disciples» (Mt 28,19). Le livre de la génération de Jésus*, in: Camille Focant – André Wénin (Hg.), *Analyse narrative et Bible*, Leuven 2005, 199–209.

hung zu seiner Familie. »Während er noch mit den Leuten redete, da standen seine Mutter und seine Geschwister draußen und wollten mit ihm reden. Da sagte jemand zu ihm: Schau, deine Mutter und deine Geschwister stehen draußen und wollen mit dir reden. Er aber entgegnete dem, der ihm das gesagt hatte: Wer ist meine Mutter, und wer sind meine Geschwister? Und er wies mit der Hand auf seine Jünger und sprach: Das hier ist meine Mutter, und das sind meine Brüder und Schwestern! Denn wer den Willen meines Vaters im Himmel tut, der ist mir Bruder und Schwester und Mutter.« (Mt 12,46–50) Jesus lehnt seine Familie nicht ab. Seine Mutter und seine Geschwister stehen zwar »draußen«. Aber nichts verbietet ihnen, einzutreten und auch zu denjenigen zu gehören, die das Wort Gottes hören und seinen Willen tun. Dann würden sie zweifach zu seiner Familie gehören: als seine Verwandten, aber auch als Menschen, die seine Geschwister sind, weil sie wie er Gott zum Vater haben. Jesus relativierte, vertiefte und erweiterte die Bedeutung der Geschwisterlichkeit. Er gründete sie auf ein neues Kriterium. Sie wird nicht mehr durch ererbte Zugehörigkeit definiert, sondern durch das Tun des Willens Gottes.

Die neue Geschwisterlichkeit derer, die bei Jesus in die Schule gehen, ist radikal. »Ihr sollt euch nicht Rabbi nennen lassen, denn einer ist euer Meister, *ihr alle aber seid Brüder.* Und niemanden auf Erden sollt ihr euren Vater nennen; denn einer ist euer Vater, der im Himmel.« (Mt 23,8–9) Wie viel Erkenntnis und Erfahrung sie auch sammeln mögen, Jesusjünger werden niemals Meister, sondern bleiben immer Schüler und Geschwister. Normalerweise wird ein fortgeschrittener Schüler eines Tages Lehrer, aber Matthäus erinnert daran, dass dies in der Schule Jesu nicht der Fall ist. Christus ist der einzige Meister, wie Gott allein Vater ist. Dies erinnert an das Buch Genesis: Josefs Weigerung, sich an die Stelle Gottes zu setzen, ermöglichte geschwisterliche Gemeinschaft.

Der Stammbaum

Am Anfang des Evangeliums zeigt der Stammbaum Jesu, welche Bedeutung Matthäus der Geschwisterlichkeit beimisst. Man darf sich von seiner Monotonie nicht täuschen lassen, sondern muss auf die Details achten, die sie durchbrechen. Eines betrifft das Wort »Bruder«. »Abraham zeugte Isaak, Isaak zeugte Jakob, Jakob zeugte Juda und *seine Brüder.*« (Mt 1,2) Von der Generation des Exils heißt es ebenso: »Joschija zeugte Jechonja und *seine Brüder* zur Zeit der babylonischen Verbannung.« (V. 11) Jesus ist der Sohn eines Volkes von Brüdern.

Ein noch wichtigeres Detail ist der abrupte Abbruch der Zeugungen in der letzten Generation: »Jakob zeugte Josef, den Mann Marias; von ihr wurde Jesus geboren, welcher der Christus genannt wird.« (V. 16) Josef ist der Vater Jesu, über seine Linie ist Jesus ein Nachkomme Davids und Abrahams. Aber die Abstammungsfolge ist unterbrochen, zwischen Josef und Jesus steht Maria. Das bei jeder Generation wiederholte Verb »zeugen« bezieht sich nicht mehr auf Josef, sondern im Passiv (meist mit »geboren werden« übersetzt) auf Maria: »von ihr *wurde* Jesus *gezeugt*«. Die vier Ahnfrauen Jesu, die Matthäus vor ihr erwähnt, Tamar, Rahab, Rut und die »Frau des Urija« (V. 3, 5 und 6), haben ihren herausragenden Platz in der Genealogie der Männer vorbereitet.

Was bedeutet der Abbruch der Kontinuität, das fehlende Glied in der Abfolge der Generationen? Während Jesus für seine Zeitgenossen der Sohn Josefs ist (»der Sohn des Zimmermanns«, Mt 13,55), wissen die Leser des Evangeliums von Anfang an: »Maria war schwanger vom Heiligen Geist.« (Mt 1,18) Gewiss hat Jesus Vorfahren, aber sein Kommen ist ein radikaler Neubeginn durch den Heiligen Geist.

Jesus wird nicht wieder anfangen, was mit seinem Vater Josef aufgehört hat. Er wird weder Söhne noch Töchter zeugen. In gewisser Weise kommt die Geschichte mit ihm zum Abschluss. Gegen Ende des Evangeliums ergänzt Matthäus den Bericht der Kreuzigung mit einer apokalyptischen Szene: »Die Erde bebte, und die Felsen barsten, und die Gräber taten sich auf, und die Leiber vieler entschlafener Heiliger wurden auferweckt ... und sie kamen aus den Gräbern hervor.« (Mt 27,51–53) Was ist das, wenn nicht das Ende der Welt?

Die Familie des Auferstandenen

Und doch geht über den Tod Jesu hinaus die Weltgeschichte weiter. In Familien und Völkern bricht die Generationenfolge nicht ab. Wie steht es mit der Familie Jesu? Er zeugt keine Nachkommen, und doch wächst seine Familie. Die Gemeinschaft derer, die den Willen seines Vaters tun, hat nicht dadurch Bestand, dass Söhne und Töchter gezeugt werden, sondern dadurch, dass Schwestern und Brüder dazukommen.

Davon handeln die Erzählungen von den Erscheinungen des Auferstandenen. Am leeren Grab sagt der Engel zu den Frauen: »Macht euch eilends auf den Weg und sagt *seinen Jüngern,* dass er von den Toten auferweckt worden ist.« Unmittelbar danach sagt ihnen Jesus: »Geht und sagt *meinen Brüdern,* dass sie nach Galiläa gehen sollen, dort werden sie mich sehen.« (Mt 28,7 und 10) Seit seiner Auferstehung sind die Apostel endgültig seine Brüder, seine Familie. Und die Gemeinschaft, die sie bilden, wird nicht aufhören zu wachsen. Jesus sagt: »Geht nun und macht alle Völker zu Jüngern.« (Mt 28,19) Da die Jünger seine Brüder sind, werden alle, die zu seinen Jüngern werden, ebenfalls seine Geschwister.

Menschen zu Jüngern Jesu machen, ist eine langwierige Aufgabe. Sie besteht nicht darin, mit hehren Worten das Prinzip der Brüderlichkeit zu proklamieren, sondern bedeutet ausdauernde Arbeit: »Lehrt die Menschen alles halten, was ich euch geboten habe.« (Mt 28,20) Geschwisterlichkeit will geduldig gelernt sein.

Der Vergleich mit einem früheren Wort Jesu zeigt das Besondere dieser letzten Verse im Matthäusevangelium. Vor seinem Leiden sagte Jesus: »Der Menschensohn wird seine Engel aussenden mit lautem Posaunenschall, und sie werden seine Erwählten versammeln von den vier Winden her.« (Mt 24,31) Als Auferstandener wiederholt er die Verheißung der Sammlung. Aber anstelle von Engeln beauftragt er seine Jünger, sie sollen sich an die Arbeit machen und die Völker in der großen Familie Gottes vereinen. Anstatt laut die Posaune zu blasen, sollen sie geduldig lehren.

Wer wäre geeigneter als Engel, um das Volk Gottes aus allen Himmelsrichtungen zu sammeln? Was hätte einen größeren Effekt als lauter Posaunenschall? Was vermag im Gegensatz dazu eine kleine Gruppe von Galiläern, um die ganze Menschheit zusammenzurufen? Wer wird ihre Stimme hören? Aber Jesus beauftragt tatsächlich, nachdem er gelitten hat, seine Jünger, die wie er dem Leiden ausgesetzt sind.

Ihre Schwäche macht es ihnen unmöglich, sich aufzuzwingen. Das ist auch ihr Vorteil. Es kann in der Familie Jesu keine erzwungene Gemeinschaft geben. Geschwisterlichkeit keimt in den Herzen. Als innere Haltung zieht sie Kreise. Sie blüht auf, wo das, was Jesus in der Bergpredigt (Mt 5–7) geboten hat, geduldig erlernt wird. Sein erstaunlichstes Gebot lautet: »Liebt eure Feinde und betet für die, die euch verfolgen.« (Mt 5,44)

Jesus nahm das alte Gebot auf: »Du sollst deinen Nächsten – deinen Bruder, deine Schwester – lieben wie dich selbst.« (vgl. Mt 5,43) Aber wer sind meine Geschwister? Nicht nur meine Verwandten und mein Volk, sondern auch alle, die den Willen Gottes tun. Jesus geht aber noch einen Schritt weiter. Er will, dass wir sogar in denen, die uns Böses wollen oder tun, unsere Brüder und Schwestern sehen und sie lieben. Um seine Jünger zu werden, müssen wir »*alles*, was er geboten hat«, lernen (Mt 28,20). Wer zu seiner Familie gehören will, muss es wagen, auch seine Feinde zu lieben.

Die so schwer zu erlernende Feindesliebe allein kann »*alle* Völker« (Mt 28,19) zu Geschwistern machen. Sie hat ihren Ursprung in der Einheit Gottes. In Gott ist kein Zwiespalt, »er lässt seine Sonne aufgehen über Böse und Gute und lässt regnen über Gerechte und Ungerechte.« (Mt 5,45)

Radikale Geschwisterlichkeit – Der Brief an die Galater

Der Apostel Paulus begegnete Jesus in Galiläa nicht, und es ist wenig wahrscheinlich, dass er ihn in Jerusalem traf. Aber radikaler als die anderen Zeugen Christi verstand er die umwälzende Bedeutung seines Todes und seiner Auferstehung und die neue Geschwisterlichkeit, die sie zur Folge haben. Davon handelt sein um das Jahr 50 geschriebener Brief an die Galater, der womöglich sogar die älteste Schrift des Neuen Testamentes ist.[10]

Paulus ist in der Tradition Israels zuhause. So ist es nicht verwunderlich, dass er die Empfänger seines relativ kurzen Schreibens zehnmal »Brüder« nennt. Erstaunlich ist, wie er die Geschwisterlichkeit radikal erweitert und vertieft. Nicht nur Theologen, sondern auch Philosophen haben sich für seinen Spitzensatz interessiert: »Da ist weder Jude noch Grieche, da ist weder Sklave noch Freier, da ist nicht Mann und Frau.« (Gal 3,28) Der agnostische Philosoph Alain Badiou zum Beispiel schreibt Paulus »die Begründung des Universalismus« zu.[11]

---

[10] Vgl. Rainer Riesner, *Die Frühzeit des Apostels Paulus*, Tübingen 1994, 257–259.

[11] Alain Badiou, *Saint Paul. La fondation de l'universalisme*, Paris 1997; deutsch: *Paulus. Die Begründung des Universalismus*, München 2002.

Der Hintergrund

Die Verkündigung des Evangeliums ging zunächst nicht über die Grenzen des Volkes Israel hinaus. Petrus rief an Pfingsten die »Israeliten« (Apg 2,22; 3,12) zur Umkehr auf, »damit vom Angesicht des Herrn her Zeiten der Erquickung kommen und er den für euch bestimmten Messias Jesus sende« (Apg 3,20). Am Anfang war der Glaube an den Messias Jesus eine innerjüdische Angelegenheit.

Vielleicht schon ein paar Monate nach dem Tod Jesu, spätestens aber in der Mitte der dreißiger Jahre,[12] verkündeten Stephanus und seine Gefährten in Jerusalem die gute Nachricht auf Griechisch. Aber auch sie richteten sich ausschließlich an Juden. Ein erheblicher Teil der Bewohner Jerusalems sprach damals griechisch.

Jüdische Jesusgläubige griechischer Sprache und Kultur begegneten auf Reisen Nichtjuden und teilten mit ihnen ihre Hoffnung. »Es waren unter ihnen einige Männer aus Zypern und Kyrene; die sprachen, als sie nach Antiochia gekommen waren, auch Griechen an und verkündigten ihnen die gute Botschaft, dass Jesus der Herr sei« (Apg 11,20). Jesus ist nicht nur der Messias Israels, sondern auch »der Herr über alle« (Apg 10,36). So entstand in Antiochia, der drittgrößten Stadt des Reiches nach Rom und Alexandria, eine neuartige Gemeinde von Juden und Nichtjuden. Dass »die Jünger zum ersten Mal in Antiochia Christen genannt wurden« (Apg 11,26), hängt damit zusammen.

Diese neue geschwisterliche Gemeinschaft war etwas Unerhörtes, denn die damit überschrittene Grenze hatten

---

[12] Vgl. Rainer Riesner, op. cit., 52–56.

nicht Menschen, sondern Gott gezogen. Nach der Heiligen Schrift hat er Israel von allen anderen Völkern abgesondert. Gefährdete die Vermischung von Juden und Heiden in der christlichen Gemeinde nicht Gottes eigenes Werk?

Zu gemeinsamem Leben gehört gemeinsames Essen. Weil Mahlzeiten in der Antike fast immer eine sakrale Dimension hatten, war Tischgemeinschaft zwischen Juden und Nichtjuden in der Regel unmöglich. Doch in Antiochia aßen jüdische und nichtjüdische Christen miteinander, und sie teilten das heilige Mahl am »Tisch des Herrn« (1 Kor 10,21). Die Spannungen und die Krise, zu der diese Praxis in Antiochia führte, bilden den Hintergrund für den Konflikt, der Paulus veranlasste, den Galaterbrief zu schreiben. Auf dem Spiel standen die Radikalität und die Universalität der von Christus gebrachten Geschwisterlichkeit.

Paulus beginnt seinen Brief damit, dass er seine Unabhängigkeit von den anderen Aposteln betont: »Ich habe das Evangelium nicht von einem Menschen empfangen, noch bin ich darin unterwiesen worden; ich habe es vielmehr durch eine Offenbarung Jesu Christi empfangen.« (Gal 1,12) Er hält aber gleichzeitig an der Gemeinschaft mit der Kirche in Jerusalem unbedingt fest. Es ist für ihn von entscheidender Bedeutung, dass »Jakobus und Kefas [Petrus] und Johannes, die Angesehenen, die als Säulen gelten, mir und Barnabas den Handschlag der Gemeinschaft gaben« (Gal 2,9).

Es kam trotzdem zu einer Krise. Als Petrus aus Jerusalem (Apg 12,17) nach Antiochia gekommen war, hatte er sich zunächst dem Brauch der dortigen Gemeinde angeschlossen. Er »pflegte zusammen mit den Heiden zu essen« (Gal 2,12). Das war in Jerusalem nicht üblich, aber nach der Apostelgeschichte hatte er gelegentlich schon früher Tischgemeinschaft mit Nichtjuden (Apg 10–11). Als dann Abgesandte der von Jakobus geleiteten Gemeinde in Jerusalem nach Antiochia kamen, »zog er sich zurück und sonderte sich ab – aus Furcht vor den Beschnittenen« (Gal 2,12).

In Jerusalem war Jakobus – nicht einer der Zwölf, sondern der »Bruder des Herrn« (Gal 1,19) – zur führenden Gestalt geworden. Er stand nicht nur bei jesusgläubigen, sondern auch bei anderen Juden für seine Frömmigkeit und Gesetzestreue in hohem Ansehen.[13] Nachrichten von der Tischgemeinschaft, die in Antiochia im Namen des Messias Jesus praktiziert wurde, mussten ihn und seine Gemeinde zutiefst beunruhigt haben. Denn diese Praxis diskreditierte Jesus als Messias Israels und setzte die an ihn glaubenden Juden der Gefahr der Verfolgung aus.

Die Lage muss sehr ernst gewesen sein, sonst hätte sich Petrus nicht überzeugen lassen und die Tischgemeinschaft mit Nichtjuden abgebrochen. Eine plausible Erklärung für seine Entscheidung ist das Erstarken der zelotischen Bewegung. Ihr wachsender Einfluss führte fünfzehn bis zwanzig Jahre später zum jüdischen Aufstand und zum Krieg mit Rom (66–74 n. Chr.). Was die Zeloten umtrieb, hatte auch Paulus vor seiner Bekehrung bewegt. Wie sie agitierte er, wenn nötig mit Gewalt, gegen Volksgenossen, in denen er eine Gefahr für die jüdische Identität sah. Er verfolgte insbesondere jesusgläubige Juden, die aufgrund des Gebots der Feindesliebe auch mit Heiden freundschaftlich verkehrten.

---

[13] Der jüdische Geschichtsschreiber Flavius Josephus berichtet, dass die Hinrichtung des Jakobus im Jahr 62 auch »die eifrigsten Beobachter des Gesetzes« erbitterte (*Jüdische Altertümer,* 20, 200–201).

Aus Solidarität mit der Jerusalemer Gemeinde brach Petrus in Antiochia die Tischgemeinschaft mit den jesusgläubigen Nichtjuden ab. Er wollte sie nicht aus der Kirche ausschließen, sonst hätte Paulus nicht geschrieben, dass er »die Heiden zwingen wollte, wie die Juden zu leben« (Gal 2,14). Um der Gemeinschaft willen legte Petrus ihnen nahe, sich beschneiden zu lassen und die jüdischen Speisevorschriften zu übernehmen. Ihr Übertritt aus der Völkerwelt in das heilige Gottesvolk hätte klare Verhältnisse geschaffen. So lange sie als Heiden an den Messias Israels glaubten, vermischten die Identitäten.

Paulus ist absolut anderer Meinung: »Als Kefas nach Antiochia kam, trat ich ihm persönlich entgegen, weil er sich selber ins Unrecht versetzt hatte.« (Gal 2,11) Er kommt in seinem Brief an die Galater auf diesen Vorfall zurück, weil sich in seinen Gemeinden in Galatien wiederholt, was in Antiochia geschehen war. Wiederum kommen Abgesandte aus Jerusalem, »um die Beschneidung zu verkündigen« (Gal 5,11), wie Paulus bitterbös den stehenden Ausdruck »das Evangelium verkündigen« parodiert. Seine Gegner handeln zweifellos in guter Absicht. Sie wollen die jesusgläubigen Heiden in die Familie Abrahams heimholen. Aber Paulus verurteilt sie scharf und nennt sie Eindringlinge, die »euch verwirren und das Evangelium verdrehen wollen« (Gal 1,7).

Die neue Geschwisterlichkeit

Der Brief an die Galater ist nicht in aller Ruhe verfasst. Er ist weder ausgewogen noch durchwegs klar verständlich. Paulus schreibt mit großer Leidenschaft, weil so viel auf dem Spiel steht. Nichtjüdische Jesusgläubige durch Beschneidung und

Verpflichtung auf das Gesetz in die Familie der Kinder Abrahams aufzunehmen, läuft für ihn darauf hinaus, das Kreuz Jesu zu verachten und die Gnade Gottes außer Kraft zu setzen (Gal 2,21).

Denn das Kreuz ist mehr als eine Wende, es ist ein Ende. Christus »entriss uns der gegenwärtigen bösen Weltzeit« (Gal 1,4), die geprägt ist von religiös begründeter Absonderung, sozialen Konflikten und dem Machtkampf zwischen den Geschlechtern. Die getauften Christusgläubigen leben zwar mitten unter ihren Mitmenschen, in Jerusalem, Antiochia, Galatien oder wo auch immer. Aber sie sind vor allem eine »neue Schöpfung« (Gal 6,15).

Durch seinen Tod zerstörte Jesus die subtilste Behinderung von Geschwisterlichkeit: das hartnäckige Bedürfnis, die eigene Identität durch Abgrenzung von anderen zu behaupten. Paulus zeigt die äußerste Tiefe der neuen Geschwisterlichkeit nach dem Evangelium, indem er »Jesus Christus als gekreuzigt vor Augen malt« (Gal 3,1). Beinahe blasphemisch nennt er Jesus einen verfluchten Verbrecher, indem er den Vers auf ihn anwendet: »Verflucht ist jeder, der am Holz hängt.« (Gal 3,13; vgl. Dtn 21,22–23) Der als Verbrecher am Galgen hängende Jesus ist vom Gesetz verflucht, vom Segen Gottes ausgeschlossen und aus der Gemeinschaft der Menschen verstoßen.

Aber kann das sein, wenn er doch Gottes Sohn ist? Paulus erklärt, dass der am Kreuz Verfluchte in Wirklichkeit derjenige ist, »der uns vom Fluch des Gesetzes freigekauft hat, [...] damit der Segen Abrahams durch Christus Jesus zu den Heiden kommen soll, und wir durch den Glauben die Verheißung des Geistes empfangen« (Gal 3,13–14). Der Fluch, der den Sohn Gottes trifft, widerlegt sich selbst. »Der Tod

Christi am Kreuz ist die Verurteilung der Verurteilung.«[14] Der Gekreuzigte führt die Urteile, die einen Bruder oder eine Schwester vom Segen Gottes ausschließen und aus der Gemeinschaft verstoßen, ad absurdum.

Geschwisterlichkeit in ihrem letzten Ernst hat diesen Preis: dass Jesus am Kreuz die Stelle der allerletzten Sünder einnahm. Wenn wir seitdem einen Menschen verurteilen und von der Gemeinschaft ausschließen, können wir ihn nur noch dorthin drängen, wo der Sohn Gottes ihn schon erwartet. Paulus schreibt ein paar Jahre später: »Was richtest du deinen Bruder? Und du, was verachtest du deinen Bruder? Wir werden alle vor den Richterstuhl Gottes treten müssen.« (Röm 14,10)

Die Betrachtung des Kreuzes führte Paulus zu der kategorischen Behauptung: »Da ist weder Jude noch Grieche, da ist weder Sklave noch Freier, da ist nicht Mann und Frau. Denn ihr seid alle eins in Christus Jesus.« (Gal 3,28) Die allumfassende Geschwisterlichkeit gründet auf der radikalen Solidarität Christi mit den allerletzten Sündern sowie auf der Identifizierung der Glaubenden, allen voran Paulus, mit Jesus am Kreuz: »Mit Christus bin ich ein Gekreuzigter. Nicht mehr ich lebe, sondern Christus lebt in mir.« (Gal 2,19–20) Wenn Christus sowohl mein Leben als auch das meines Bruders und meiner Schwester ist, kann es uns nicht mehr als die einen ohne die anderen geben.

---

14 Maximus Confessor, *Quaestiones ad Thalassium*, 43 (PG 90, 408), zitiert nach Olivier Clément, *Sources. Les mystiques chrétiens des origines. Textes et commentaires*, Paris 1992, 47.

Allumfassende Geschwisterlichkeit?

Eine Frage zum Schluss: Ist diese Geschwisterlichkeit, die Juden und Heiden, Arm und Reich, Männer und Frauen verbindet, allumfassend oder betrifft sie nur die Gläubigen und Getauften?

Paulus war kein Philosoph. Er predigte kein Ideal. Im Namen Christi und im Vertrauen auf die verwandelnde Kraft des Heiligen Geistes versammelte er Menschen in konkreten Gemeinden. Aber die Logik seines Glaubens und seines Denkens geht über die Kirchen hinaus. Sein Horizont ist die Menschheit. Er erwartet, dass alle Menschen, »die Vollzahl der Völker«, zur Familie Gottes werden, »denn von ihm und durch ihn und zu ihm sind alle Dinge« (Röm 11,25 und 36).

Weht der Heilige Geist durch die Lücken und Brüche, die abweichende Übersetzungen hinterlassen?

Babel

Babel hat es in sich. Ist der Übergang von der einsprachigen Menschheit zur vielsprachigen Völkerwelt ein Unglück oder ein Segen? Die Geschichte vom Turm ist hintergründiger, als sie auf den ersten Blick aussieht. Sie ist eine Ätiologie: Sie will erklären, wie es kommt, dass wir Menschen, obwohl zur selben Menschheitsfamilie gehörig, doch so unterschiedliche Sprachen sprechen, dass wir einander nicht verstehen.

Die biblische Geschichte beginnt mit dem Plan der Menschheit, ihre Einheit sicherzustellen: »Wir wollen uns einen Namen machen, damit wir uns nicht über die ganze Erde zerstreuen.« (Gen 11,4) Aber Gott nimmt die Sache in die Hand. Er schafft die Sprachenvielfalt und zerstreut die Völker über die ganze Erde. Erzählt die Geschichte von Strafe oder Heil?[15]

Bis gegen die Mitte des 20. Jahrhunderts deuteten die meisten Ausleger die Sprachverwirrung als Strafmaßnahme. Sie beriefen sich auf die Feststellung Gottes: »Und dies ist erst der Anfang ihres Tuns. Nun wird ihnen nichts mehr

[15] Vgl. Georgette Chéreau, *De Babel à la Pentecôte. Histoire d'une bénédiction*, in *Nouvelle Revue Théologique* 122 (2000), 19–36; François Nault, *Un Dieu érotique. En revisitant le mythe de Babel*, in *Études théologiques et religieuses* 77 (2002), 385–400; Francis Guibal, *Babel, malédiction ou bénédiction?*, in *Études* n°4061 (Januar 2007), 51–61.

unmöglich sein, was immer sie sich zu tun vornehmen. Auf, lasst uns hinabsteigen!« (Gen 11,6–7) Gott habe der ihm drohenden Konkurrenz einen Riegel vorgeschoben und sich dem Aufstieg der Menschen widersetzt – planen sie doch einen Turm, dessen Spitze wortwörtlich »im Himmel« (Gen 11,4) sein soll. Mit der Bestrafung ihres Unternehmens habe er gezeigt, wer das Sagen hat.

Seit einem guten halben Jahrhundert wird die Geschichte vom Turmbau zu Babel immer mehr als Heilsgeschichte gelesen. Ohne Zweifel hat die Erfahrung von Totalitarismus im 20. Jahrhundert dazu beigetragen. André Néher spricht vom »totalitären Monolithismus der Zivilisation von Babel«.[16] Ist es nicht eine gute Nachricht, dass Gott ein Unterfangen zunichtemacht, das totalitäre Staaten und Gesellschaften vorausahnen lässt? Mit dem Bau des Turms »befinden wir uns im Element des Selbigen, in einer Situation totaler Harmonie, die keine dissidente Stimme stört«, schreibt François Nault. Und er fügt hinzu: »Es ist also möglich, die Zerstreuung der Menschen durch JHWH als positive, konstruktive Handlung eines Gottes zu verstehen, *der anders ist.*«[17]

Auch die Härte der Arbeit, die der Bau der Stadt und des Turms verlangt, spricht dafür, sein Scheitern als Heilsgeschichte zu verstehen. »Heran! Backen wir Backsteine und brennen wir sie zu Brande!« (Gen 11,3 in der Übersetzung von Buber und Rosenzweig) Im hebräischen Urtext geben die Alliterationen und der Rhythmus dieses Satzes die unerbittlichen Arbeitsbedingungen wieder: *Hávah, nil-*

[16] André Néher, *De l'hébreu au français*, Paris 1969, 43.

[17] François Nault, op. cit., 392.397.

b^{e}náh l^{e}benîm w^{e}nisr^{e}fáh lisrefáh. »Die echoartige Wiederholung der Laute in der Beschreibung der Arbeitsweise ahmt den Repetitionscharakter der Geste nach.«[18] Der Abbruch dieser unmenschlichen Baustelle ist eine gute Nachricht.

Gott wollte die Vielfalt der Sprachen zum Heil der Menschen, denn »Sprachverwirrung und Zerstreuung, die untrennbar zusammen gehören, sind weniger Bestrafung als eine erneuerte schöpferische Sendung«.[19] Gott sieht es lieber, dass die Menschen an Übersetzungen arbeiten, als dass sie Ziegel für einen Turm brennen. Ein Hauptunterschied besteht darin, dass der Bau des Turmes auf seine Fertigstellung abzielt, bis seine Spitze den Himmel sozusagen versperrt, während Übersetzungen immer unvollständig und unvollendet bleiben und damit unendlichen Raum lassen.

Eine Bemerkung zu Babel und Pfingsten (Apg 2): Es gibt natürlich eine Entsprechung, aber man sollte nicht nur den Gegensatz sehen. Pfingsten geht über Babel hinaus, aber Pfingsten schafft Babel nicht ab. In Jerusalem beginnt der Heilige Geist, die Sprachen im gemeinsamen Lobgesang zu vereinen. Der Geist hebt aber nicht auf, was Gott in Babel getan hat. Er schafft keine Einheitssprache, sondern macht alle Sprachen füreinander verstehbar. Ohne Babel kein Pfingsten.

---

18 Georgette Chéreau, op. cit., 22.

19 Francis Guibal, op. cit., 56.

Die Übersetzung der Septuaginta

Seit Babel wird übersetzt. Benachbarte Völker und Stämme kommen nicht darum herum, miteinander zu reden. Verträge und Bündnisse müssen übersetzt werden. Kaufleute lernen die Sprachen der Länder und Völker, mit denen sie Handel treiben.

Eine prinzipielle Frage stellte sich den Juden der hellenistischen Zeit: Ist es möglich, zulässig, richtig oder sogar notwendig, die Worte des Gottes Israels, die in heiligen Texten auf Hebräisch überliefert sind, auf Griechisch wiederzugeben? Im 3. Jahrhundert vor Christus haben sie diese Frage bejaht. Dank ihnen entstand die erste, als Septuaginta bekannte, Übersetzung der hebräischen Bibel ins Griechische.

Die rabbinische Tradition fand die Rechtfertigung für dieses Unternehmen im übersetzten Text selbst. Nach der Sintflut – sie geht im Buch Genesis dem Turmbau voraus – sagt Noah über seine Söhne Sem und Jafet: »Weiten Raum schaffe Gott für Jafet, er wohne in den Zelten Sems.« (Gen 9,27) Marguerite Harl, Altmeisterin der Septuaginta-Studien, erklärt: »Für die rabbinische Tradition der Römerzeit repräsentieren Jafet und Sem die beiden Völker der Griechen und der Hebräer; die Prophetie kündigt an, dass die Sprache der Griechen unter den Hebräern wohnen wird, das heißt, dass sie die hebräischen Bücher übersetzen kann.«[20]

Da die Übersetzung der Bibel in ihr selbst vorausgesagt ist, kann sie keine Verfallserscheinung sein. Sie ist kein Unglück, sondern im Gegenteil ein Heilsereignis. Das erste

---

[20] Marguerite Harl, *La langue de Japhet, Quinze études sur la Septante et le grec des chrétiens*, Paris 1994, 11.

Verb des zitierten Verses erlaubt nicht nur die Lesart: »*erweitern* möge Gott für Jafet«, sondern auch: »*verschönern* möge Gott für Jafet«. Diese andere Lesart spielt auf die allgemein anerkannte Schönheit der griechischen Sprache an. Eine griechische Übersetzung ist nicht nur möglich und notwendig, sondern wünschenswert.

Die griechische Bibel wurde ständig überarbeitet. Das Ergebnis ist ein Text »in der Schwebe«, wie Marguerite Harl sagt,[21] der nicht auf eine einzige maßgeblichen Version reduziert werden kann. Es gab anonyme Überarbeitungen der Septuaginta und mindestens drei, für die wir die Namen der Übersetzer – Aquila, Theodotion und Symmachos – kennen. Origenes hat ihre Versionen und eine von ihm selbst erstellte Rezension in vier parallele Spalten gesetzt und zwei Textspalten mit dem hebräischen Text (in hebräischer Schrift und in Transliteration) vorangestellt. Aufgrund seiner sechs Spalten wird dieses Werk *Hexapla* genannt.

Was ist besser und wünschenswerter: ein maßgebender Text oder mehrere Versionen, die nicht ganz übereinstimmen? Einige Jahrhunderte nach Origenes legten jüdische Gelehrte, die sogenannten Masoreten, den hebräischen Text fest. Die christlichen Kirchen handelten ähnlich. Im 16. Jahrhundert erklärte das Konzil von Trient die Vulgata genannte lateinische Bibel zur »authentischen Ausgabe« (*editio authentica*),[22] während in deutschen Landen die Lutherbibel eine vergleichbare Stellung erlangte. Seit Anfang des 17. Jahrhun-

---

[21] Ibid., 22.

[22] Vgl. François Martin, *Pour une théologie de la lettre, L'inspiration des Écritures,* Paris 1996, 463.

derts gibt es in England die King James Bibel, ihre Bezeichnung als »Authorized Version« tönt wie ein Echo auf die Entscheidung des Konzils von Trient. Im 19. Jahrhundert ließ die Russisch-Orthodoxe Kirche eine offizielle »Synodale Übersetzung« der Bibel erarbeiten.

Ein feststehender Wortlaut bietet eine sichere Grundlage für den Glauben und ist leichter im Gedächtnis zu behalten – die Hexapla wird kaum jemand auswendig lernen. Und doch haben nebeneinander bestehende, nicht vollkommen deckungsgleiche Übersetzungen auch Vorteile. Marguerite Harl bemerkt: »In der Zeit der großen Revisionen der Septuaginta (vor und nach der Zeitenwende) zeigen die Varianten verschiedene Verständnisse des Textes; sie stocken den Text mit mehreren möglichen Lesarten auf und steigern unsere Fähigkeit, ihn zu lesen und zu lieben.«[23]

Nach zeitgenössischer Hermeneutik hat ein Text keinen Sinn an sich, sondern spricht, wenn er gelesen und interpretiert wird. Varianten regen die Arbeit am Text an, machen Lust zu forschen und verfeinern das Verstehen. Unterschiedliche Übersetzungen verhindern, dass der heilige Text erstarrt. Ein immer neu übersetzter Text ist ein lebendiger Text. Und ist es nicht der Heilige Geist, der »lebendig macht«, wie es im Glaubensbekenntnis heißt?

---

[23] Marguerite Harl, op. cit., 23.

Weitere Bibelübersetzungen

Weil das Leben der Kirche mit Pfingsten anfing, konnte im Lauf ihrer Geschichte keine Sprache Ausschließlichkeit beanspruchen und wird es auch niemals können. Von Anfang an haben in der Kirche alle Sprachen Heimatrecht.

Zwei objektive Gründe schließen aus, dass es für das Evangelium eine einzige normative Sprache geben kann. Der erste ist die Tatsache, dass die Worte Jesu praktisch nur in Übersetzung überliefert sind. In ganz wenigen Fällen kann ein aramäisches Original erschlossen werden. Der zweite Grund ist die Art und Weise, wie das Neue Testament das Alte zitiert oder darauf anspielt. Die Autoren des Neuen Testaments kennen keinen maßgebenden Text der alten Schriften und zitieren sowohl den hebräischen als auch den griechischen.

Ein großer Teil der Christen las in den ersten Jahrhunderten die gesamte Heilige Schrift auf Griechisch. Aber man war sich bewusst, dass es sich beim Alten Testament um eine Übersetzung handelte. Damit stand das Prinzip der Übersetzbarkeit der Worte Gottes fest und weiteren Übersetzungen grundsätzlich nichts im Weg. Die Bibel oder Teile von ihr wurden bald auch auf Lateinisch, Hauptsprache des Römischen Reiches, übersetzt.

Wie die griechische Septuaginta hat die lateinische Übersetzung die Geschichte der Kirche nachhaltig geprägt. Meines Wissens wurde sie im Unterschied zur griechischen mit keiner biblischen Verheißung begründet. Aber dafür konnten die lateinischsprachigen Christen auf die reiche Übersetzungstradition der Römer zurückgreifen. Die Griechen lernten Fremdsprachen kaum oder überhaupt nicht, die Septuaginta war das Werk griechischsprachiger Juden. Aber die Römer lernten Griechisch. Sie waren sich bewusst, wie viel sie den Griechen verdankten, insbesondere in Bezug auf Philosophie und Dichtung. Sie waren sich ihrer »Sekundarität« bewusst, wie Rémi Brague[24] sagt. Sie versuchten nicht, die Herkunft ihrer Philosophie zu vertuschen. Sie arbeiteten mit den griechischen Texten wie die Revisoren der Septuaginta mit den hebräischen Schriften. Sie dachten in zwei Sprachen. Sie revidierten Übersetzungen. Sie ließen sich von Nichtübereinstimmungen inspirieren.

Hieronymus übersetzte die gesamte Bibel auf Latein. Er war nicht der erste, der sich daran machte, er überarbeitete zum Teil ältere Versionen. Aber sein Werk war entscheidend, auf ihm beruht die bis heute maßgebliche Vulgata. Bei der Arbeit am Alten Testament stieß er auf ein Problem, das die Übersetzer der Septuaginta noch nicht kannten. Er sah sich vor die Frage gestellt, welcher Text denn eigentlich zu übersetzen sei: die in den Kirchen hoch angesehene Septuaginta oder das hebräische Original. Er entschied sich für die *hebraica veritas*, die »hebräische Wahrheit«. François Martin schreibt: »Mit seinem Einsatz für die Rückkehr zur *veritas hebraica* gab Hieronymus zu verstehen, der wahre Text sei derjenige, der in der hebräischen Bibel zu lesen ist. Folglich weiche jedes Mal, wenn sich die griechische und die hebräische Rezension voneinander unterscheiden, die Version der Septuaginta vom Originaltext ab.«[25]

---

24 Vgl. Rémi Brague, *Europa – seine Kultur, seine Barbarei. Exzentrische Identität und römische Sekundarität*, Wiesbaden 2012.

25 François Martin, op. cit., 471.

Damit stellte er einen breiten Konsens der Kirchenväter in Frage. Für sie hatte die Septuaginta kanonische Gültigkeit. Augustinus, im Übrigen kein leidenschaftlicher Gräzist, fühlte sich zu einer Reaktion verpflichtet. Angesichts möglicher Verunsicherungen durch die Behauptung einer *hebraica veritas* verteidigt er »die griechische Bibel, die die göttliche Vorsehung den Heiden gegeben hat.«[26] Hieronymus selbst übersetzte die Bibel nicht ausschließlich aus dem Hebräischen. Die Septuaginta und die älteren, aus dem Griechischen übersetzten, lateinischen Versionen waren ihm vertraut. Er griff auf sie zurück, korrigierte und verbesserte sie mithilfe des hebräischen Originals.

Die lateinische Bibel setzt die mit der Septuaginta begonnene Übersetzungstradition fort, bringt aber auch eine Neuerung. Denn mit ihr liegt die gesamte Bibel des Alten und des Neuen Testaments in Übersetzung vor, während in der griechischen Bibel nur das Alte Testament übersetzt, das Neue aber im Original zu lesen ist. Neu ist auch, dass jetzt drei Sprachen beteiligt sind: Die Vulgata ist die Übersetzung eines bereits doppelten, hebräischen und griechischen Originals. Wenn die Vorlagen nicht übereinstimmen, gibt Hieronymus der hebräischen den Vorzug. Aber nicht alle Unterschiede lassen sich durch Textkritik aufheben. Und die neue dritte, lateinische Version fügt unweigerlich zusätzliche Abweichungen zu den schon existierenden Nichtübereinstimmungen hinzu. Dies hinderte die lateinische Bibel jedoch nicht daran, einen der hebräischen und der griechischen Heiligen Schrift vergleichbaren kanonischen Status zu erlangen.

---

[26] Ibid., 466.

Man könnte die Frage aufwerfen, ob das Bemühen des Hieronymus um den ursprünglichen Text und sein Insistieren auf die *veritas hebraica* nicht zu dem neigt, was man heute Fundamentalismus nennt. Der Kirchenvater erklärt aber den hebräischen – oder für das Neue Testament den griechischen – Text gerade nicht zum einzig maßgeblichen. Die lateinische Bibel ist ebenso gültig. Sein Ansatz bedeutet daher keine Verengung, sondern eine Erweiterung. Hieronymus wertet den Ursprung auf, will von der griechischen zur hebräischen Wahrheit zurückkehren – und führt dabei eine dritte, die lateinische Wahrheit ein! Damit bekräftigt er wie Augustinus die prinzipielle Übersetzbarkeit der heiligen Texte.

Ungefähr gleichzeitig mit der lateinischen entstanden syrische Übersetzungen, andere folgten. Heute sind die Bibel oder Teile von ihr auf über dreitausend Sprachen übersetzt. Im 3. Jahrhundert vor Christus hatten jüdische Gelehrte das Prinzip ihrer Übersetzbarkeit eingeführt. Die alte Kirche bestätigte es. Dies bewahrte die Übersetzungen vor dem Verdacht, die Bibel zu verderben. Im Gegenteil, sie bereichern sie. Ihre Vielfalt macht deutlich, dass »das Wort Gottes unter den Menschen nicht durch das bezeugt wird, was spezifisch hebräisch, aramäisch oder griechisch ist, sondern durch das, was in jeder einzelnen und in allen Sprachen *keiner gehört* und *allen gemeinsam* ist.«[27]

Marguerite Harl, um sie ein letztes Mal zu zitieren, spricht von »einem Versuch, die Grenzen der Sprache zu überschreiten«. Sie schreibt: »So geschieht es beim aufmerksamen Hören auf die Bibel in jeder beliebigen Sprache: die

---

[27] Ibid., 475.

Bibel spricht durch die Lücken und Brüche hindurch, die ihre Übersetzungen hinterlassen, wenn der Leser durch den Text hindurch, den er empfängt, auf Jahrhunderte von Lesarten derselben Rede lauscht.«[28] Die Bibel ist lebendiges Wort Gottes nicht zuletzt in der Vielfalt ihrer Versionen. Neue Übersetzungen schaffen Raum für das Wehen des Geistes.

In Taizé

Taizé hat mit Babel und mit Pfingsten zu tun. Tag für Tag stellt sich die Frage, ob der Heilige Geist durch die Lücken und Brüche der Übersetzungen weht. In der Communauté sprechen die Brüder Französisch. Die Sprache Molières ist aber für die meisten von uns nicht die Muttersprache, sondern die zweite, dritte oder vierte erlernte Sprache. Bei den Jugendtreffen ist die Hauptsprache Englisch oder das, was englische Muttersprachler *Taizé English* nennen. In so vielen Sprachen wie möglich radebrechen wir wenigstens ein paar Worte. In der Kirche und in den Gruppen werden die Bibeltexte in den Sprachen der Anwesenden gelesen. Niemand versteht alles, aber alle etwas.

Ich träume manchmal von einer Sprache, die alle verstehen könnten. Sie würde uns an einem Ort wie Taizé viel Arbeit ersparen, und man könnte sich genauer ausdrücken. Aber aus mindestens zwei Gründen, einem positiven und einem negativen, misse ich die Einsprachigkeit trotzdem nicht.

---

[28] Marguerite Harl, 29.

Der positive Grund ist der Reichtum, den die Mehrsprachlichkeit erschließt. Wir erleben in Taizé, dass Übersetzungen die Heilige Schrift nicht verderben und nicht unbedingt Distanz zur Quelle schaffen, an der Gott spricht. Beim Mittagsgebet lesen wir einen kurzen Text in mehreren, bis zu acht Sprachen. Während ich diesen Text verfasste, war es das Jesuswort: »Verkauft man nicht zwei Spatzen für einen Fünfer? Und nicht einer von ihnen fällt zu Boden ohne euren Vater.« (Mt 10,29) Fast alle modernen Übersetzungen ergänzen den lakonischen Ausdruck »ohne euren Vater«, aber auf verschiedene Weise: »ohne dass euer Vater bei ihm ist« oder »ohne den Willen«, »ohne das Wissen«, »ohne die Erlaubnis« eures Vaters. Dies bedeutet eine Bereicherung für alle, die die eine oder andere Version verstehen.

Ich fragte die jungen Freiwilligen in Taizé, ob sie es für einen Vorteil oder Nachteil halten, dass die Worte Jesu in den wenigsten Fällen im Originalton überliefert sind. Die meisten bedauerten diese Tatsache. Auch ohne Aramäisch zu können, hätten sie sich gewünscht, wenigstens im Prinzip wissen zu können, was Jesus genau gesagt hat. Eine Minderheit war anderer Meinung. Ein junger Mann sagte, er sei froh, dass es nur Übersetzungen gibt. Denn so könne er, wenn er etwas nicht verstehe, immer noch hoffen, es sei fehlerhaft überliefert oder schlecht übersetzt worden.

Damit sind wir auch schon beim negativen Grund angelangt, warum ich auf unser »Babel-und-Pfingsten« in Taizé nicht verzichten möchte. Wenn die Übersetzungen nicht deckungsgleich sind, hören Fragen und Suchen nicht auf. Was meinte Jesus wirklich? Wie ist die Bibel zu verstehen? Eine neue Übersetzung eröffnet die Möglichkeit neuen Verstehens. Dazu ein Beispiel. Das Lied, das Mose am Schilfmeer anstimmte, feiert Gott als »Kriegsmann« (Ex 15,3). Was heißt das? Dass Gott ein Kriegsheld ist, weil er das Heer des Pharao zerstört hat? Die Septuaginta, der zum Beispiel die altslawische Übersetzung, aber nicht die Vulgata folgt, überträgt »Kriegsmann« mit »der Kriege Zerschlagende«: Gott macht den Kriegen ein Ende. Ganz offensichtlich ist diese Version vom Heiligen Geist inspiriert.

Die Vielfalt ihrer Versionen hält die Sehnsucht wach, die heiligen Texte immer neu und besser zu verstehen. Und die Hoffnung, dass zukünftige Übersetzungen noch nie dagewesene Einsichten erschließen werden, ist nicht ohne Grund. Der Epheserbrief deutet darauf hin: »So soll jetzt den Mächten und Gewalten in den Himmeln am Beispiel der Kirche die vielgestaltige Weisheit Gottes kundgetan werden.« (Eph 3,10) Es braucht eine Kirche aus Menschen aller Nationen und Sprachen, um das volle Ausmaß der Weisheit Gottes zu ermessen.

Eine Bemerkung zum Abschluss. Es stimmt, dass Missverständnisse und Fehlinterpretationen, die aufgrund von uneinheitlichen Übersetzungen unvermeidbar sind, viel Leiden verursacht haben und bis heute zu Konflikten führen können. Die Vielfalt der Sprachen, die Gott in Babel schuf und an Pfingsten bestätigte, ruft auch zur Demut. Sie zwingt zur Erkenntnis, dass »unser Wissen Stückwerk ist« (1 Kor 13,9). Sie gibt uns den Auftrag, geduldig zu übersetzen und an gegenseitigem Verstehen zu arbeiten, anstatt den Himmel mit einem Turm zu versperren. Der Heilige Geist hört nicht auf, durch Brüche und Lücken zu wehen. Er hält das Jenseits der Worte offen.

Ist Barmherzigkeit gefährlich und ungerecht?

»Wir nennen die Kirche katholisch«, lehrt Kyrill von Jerusalem in seinen Katechesen, nicht nur »weil sie auf dem ganzen Erdkreis, von dem einen Ende bis zum anderen, verbreitet ist«, sondern auch »weil sie allgemein jede Art von Sünden, die mit der Seele und dem Leib begangen werden, behandelt und heilt«.[29] Die der Kirche anvertraute Barmherzigkeit Gottes ist grenzenlos. Bedeutet aber die Vergebung, wenn sie auch den schlimmsten Sündern gilt, nicht eine Gefährdung der Ordnung und des Friedens?

Die Bekehrung des Kaisers Konstantin im 4. Jahrhundert beunruhigte die gebildeten Kreise des Römischen Reiches. Der Historiker Zosimos behauptet in seiner *Neuen Geschichte*, Konstantin sei eines so schweren Verbrechens beschuldigt worden, dass es kein heidnischer Priester habe sühnen wollen. Dann sei ein Ägypter aufgetaucht, der ihm versichert hätte, »die christliche Lehre tilge alle Sünden, und enthalte die Verheißung, dass die Gottlosen, welche dieselbe annähmen, sogleich von aller Sünde gereinigt würden.«[30] Wahrscheinlich hatte Zosimos diese beißende Kritik von Julian, einem Neffen Konstantins, der als letzter heidnischer Kaiser auch Apostata, der Abtrünnige, genannt wird. Dieser lässt Christus in einer Satire sprechen: »Jeder Verführer, jeder

[29] Kyrill von Jerusalem, *Achtzehnte Katechese an die Täuflinge*, 23.

[30] Zosimos, *Neue Geschichte*, II, 29.

Mörder, jeder Fluchbeladene und Verabscheuungswürdige komme getrost herbei; ich werde ihn mit Wasser waschen und auf der Stelle rein machen.«[31]

Jona

Ist Barmherzigkeit gefährlich? Der Prophet Jona war über Gottes Barmherzigkeit für Ninive entsetzt. Sie trieb ihn zur Verzweiflung: »Besser als mein Leben ist mein Tod.« (Jona 4,3) Man muss genau lesen, um zu verstehen, weshalb die göttliche Barmherzigkeit eine tödliche Gefahr sein kann.[32]

Jona kommt in der Bibel zuerst im zweiten Buch der Könige vor. Er lebte und wirkte in der ersten Hälfte des 8. Jahrhunderts vor Christus unter Jerobeam II. Dieser »König von Israel in Samaria« (2 Kön 14,23) »stellte die Grenzen Israels wieder her, von da, wo es nach Chamat geht, bis zum Meer der Araba, nach dem Wort des Herrn, des Gottes Israels, das dieser gesprochen hatte durch seinen Diener Jona, den Sohn des Amittai, den Propheten, der aus Gat-Chefer stammte.« (2 Kön 14,25)

Bekannter ist Jona durch das biblische Buch, das seinen Namen trägt. Es beginnt: »Und das Wort des Herrn erging an Jona, den Sohn des Amittai: Mach dich auf, geh nach Ninive, in die große Stadt, und rufe gegen sie aus, denn ihre Bosheit ist vor mir aufgestiegen.« (Jona 1,1–2) Es handelt

---

[31] Kaiser JULIAN, *Das Gastmahl*, 336ab.

[32] Für die folgende Auslegung des Buches Jona siehe Hartmut GESE, *Jona ben Amittai und das Jonabuch* (1985), in: Ders., Alttestamentliche Studien, Tübingen 1991, 122–138.

sich offensichtlich um denselben Propheten wie im zweiten Buch der Könige. Aber diesmal hat er keine Verheißung für Jerobeam in Samaria, sondern Gott schickt ihn nach Ninive, in die Hauptstadt der Assyrer. Er soll nicht Heil, sondern Gericht verkünden: »Noch vierzig Tage, dann ist Ninive zerstört!« (Jona 3,4) Wenn der Prophet Nahum recht hat, verdient Ninive auch nichts anderes: »Wehe, Stadt des vergossenen Bluts, bis oben hin voll von Lüge, von Beute, niemand beendet das Reißen!« (Nah 3,1)

Jona hätte mit dem Auftrag zufrieden sein können, dem Erzfeind Israels ein schlimmes Ende anzukündigen. Warum lehnte er ab? Der Grund bleibt den Lesern verborgen, bis sie erfahren, dass die Zerstörung nicht stattfinden wird. »Da betete Jona zum Herrn und sprach: Ach, Herr, war nicht eben das meine Rede, als ich in meiner Heimat war? Darum bin ich zuvor nach Tarschisch geflohen! Denn ich wusste, dass du ein gnädiger und barmherziger Gott bist, langmütig und reich an Gnade, und einer, dem das Unheil leidtut.« (Jona 4,2)

Jona war auf der Hut vor der Barmherzigkeit seines Gottes. Er kannte sie und ahnte im Voraus, wie die Sache ausgehen könnte. Der sogenannten Gnadenformel, die von Exodus (34,6) bis zum Psalter (103,8) die Barmherzigkeit des Gottes Israels feiert, fügt er die Worte »dem das Unheil leidtut« hinzu. Als Gott sah, wie die Niniviter umkehrten (Jona 3,10), tat ihm das angekündigte Unheil leid, und er hatte mit ihnen Erbarmen.

»Und nun, Herr, bitte nimm mir mein Leben, denn besser als mein Leben ist mein Tod.« (Jona 4,3) Weshalb trieb das Heil Ninives Jona zur Verzweiflung? Ausleger haben vermutet, er sei gekränkt gewesen, weil sich sein Wort nicht erfüllt und sein Prophetenstolz darunter gelitten habe. Es steht aber viel mehr auf dem Spiel.

Das Buch Jona ist eine Erzählung, die historische Gestalten und Geschehnisse frei inszeniert. Es wurde wahrscheinlich im 4. Jahrhundert vor Christus verfasst, das heißt mehrere hundert Jahre nach den Ereignissen, die zu berichten es vorgibt. Die Geschichte hat burleske Züge – der große Fisch, der Jona verschluckt und wieder ausspuckt, ist weltberühmt. Man darf sich aber von ihrer Komik nicht täuschen lassen, denn sie dient als geschickte Tarnung für eine ungeheuerliche Botschaft: Gott erweist seine Barmherzigkeit, sogar wenn sie die Existenz seines geliebten Volkes gefährdet. Jona wollte sterben, weil er als Prophet voraussah, welche Konsequenzen das Erbarmen Gottes mit dem ruchlosen Ninive für sein Volk Israel haben würde.

Aus den Angaben im zweiten Buch der Könige ist zu schließen, dass er in der ersten Hälfte des 8. Jahrhunderts im assyrischen Ninive wirkte. Ein knappes halbes Jahrhundert später brachen die Assyrer zu einem Feldzug gegen Israel auf. Ihre Reue und Umkehr hatte nicht lange gehalten. Sie griffen Israel an, eroberten im Jahr 722 seine Hauptstadt Samaria (2 Kön 17,6). War Jona nicht mitverantwortlich für das Unglück, das über sein Land kam? Hat er nicht durch seine Bußpredigt die Feinde Israels am Leben erhalten?

Jesus schätzte Jona, dieser stand ihm näher als der große Prophet Mose. Als die Volksmenge in Jesus einen Retter wie Mose sah, zog er sich fluchtartig in die Einsamkeit zurück (Joh 6,14–15). Er weigerte sich, ein »Zeichen vom Himmel« zu geben (Mk 8,11–12), ein Wunder, das wie die Zeichen des Mose in Ägypten die Befreiung Israels ankündigen und auslösen sollte. Stattdessen versprach er »das Zeichen des Jona«, das an die Umkehr der Feinde Israels erinnert. »Wie Jona zum Zeichen geworden ist für die Leute von Ninive, so wird es auch der Menschensohn werden für dieses Geschlecht. [...] Die Menschen Ninives werden im Gericht auftreten gegen dieses Geschlecht und es verurteilen, denn sie sind dem Ruf des Jona gefolgt und umgekehrt. Hier aber ist mehr als Jona!« (Lk 11,30.32) Den Menschen von Ninive, der »Stadt des vergossenen Bluts, bis oben hin voll von Lüge und von Beute«, soll es im kommenden Gericht besser gehen als den Zeitgenossen und Landsleuten Jesu? Diese Zumutung Jesu entspricht der Botschaft des Buches Jona. Wie der Ruf des Jona ist das Evangelium von Jesus Christus eine Kraft Gottes, die auch die Feinde seines Volkes rettet.

Zwei Gleichnisse Jesu

Mehrere Gleichnisse Jesu haben die Barmherzigkeit Gottes zum Thema. Sie verschweigen nicht, dass sie mitunter ungerecht ist.

Das Gleichnis vom verlorenen Sohn (Lk 15,11–32) offenbart auf unvergessliche Weise, wie Gott barmherzig ist. Ein greiser Vater sieht seinen Sohn nach Jahren aus der Ferne kommen. Von Mitleid überwältigt, steht er auf, läuft ihm entgegen und umarmt ihn. Alles ist vergeben. Der Heimkehrer wollte sich als Knecht verdingen und wird als Sohn empfangen.

Jesus erzählt auch von seinem älteren Bruder. Er kommt nicht aus der Ferne, sondern von der Arbeit auf dem Feld nach Hause. Er weigert sich, am Festmahl zur Heimkehr seines Bruders teilzunehmen. Er durchschaut, was vorgeht: Die maßlose Barmherzigkeit des Vaters hat die Familie im Handumdrehen um die Hälfte ihres Besitzes gebracht.

Der Familienbesitz gehörte damals, auch wenn er vom Vater verwaltet wurde, allen männlichen Familienmitgliedern gemeinsam. Diese Rechtslage steht hinter den Worten: »Alles, was mein ist, ist dein.« (Lk 15,31) Die Söhne treten das Erbe nicht erst nach dem Tod ihres Vaters an, sondern sind schon zu seinen Lebzeiten Miteigentümer. Der jüngere Sohn hatte sich seinen Anteil auszahlen lassen, als er wegzog. Er hatte nicht vor, eines Tages zurückzukehren, und wusste, dass er seinen Anspruch auf den Familienbesitz aufgegeben hatte.

Aber sein Vater zögert keinen Augenblick, ihn wieder als Erben einzusetzen. Er steckt ihm einen Ring an den Finger als Zeichen, dass er wieder ganz und rechtsgültig zur Familie gehört. Das hat aber automatisch zur Folge, dass sein älterer Bruder den Familienbesitz, dessen einziger Erbe er geworden war, wieder mit ihm teilen muss. Das ist unfair und ungerecht. Es ist verständlich, dass ihn die Großzügigkeit seines Vaters verletzt. Er weist darauf hin, dass seine harte Arbeit den Besitzstand der Familie erhalten hat. Das Gleichnis lässt offen, ob er schlussendlich zum Fest kommt oder nicht. Möglicherweise braucht er Zeit, um zur Einsicht zu kommen, dass die wiedergefundene Brüderlichkeit den Verlust wettmacht, den die Barmherzigkeit des Vaters von ihm verlangt.

Im Gleichnis von den Arbeitern der elften Stunde (Mt 20,1–16) schadet die Barmherzigkeit niemandem und hinterlässt trotzdem einen Eindruck von Ungerechtigkeit. Ein Gutsherr stellt am frühen Morgen Arbeiter für seinen Weinberg ein. Er vereinbart mit ihnen den üblichen Tagelohn von einem Denar. Anderen, die im Lauf des Tages dazukommen, verspricht er zu geben, »was recht ist« (Mt 20,4). Am Abend erhalten zuerst die letzten, die nur eine Stunde gearbeitet haben, ihren Lohn, und zwar einen Denar. Für eine Stunde ist das mehr als großzügig. Diejenigen, die den ganzen Tag gearbeitet haben, reiben sich schon die Hände: Der Meister bezahlt heute gut! Umso größer ist ihre Enttäuschung, als sie wie die anderen einen Denar erhalten. Die Bemerkung des Gutsherrn, die Vereinbarung sei doch eingehalten, ändert für sie nichts an der Ungerechtigkeit seiner Großzügigkeit.

Die Dichterin Marie Noël, eine tief gläubige und ebenso bodenständige Frau, stellte sich vor, was am folgenden Tag hätte geschehen können. Früh morgens sucht der Gutsherr Arbeiter, aber findet keine. Um neun Uhr ebenso, und dasselbe um Zwölf. Sie kommen erst gegen Abend.[33] Die Großzügigkeit gefährdet die Wirtschaft …

Die gefährlichen Gebote der Bergpredigt

Es ist unwahrscheinlich, dass ein Vater oder ein Gutsherr so handeln, wie Jesus erzählt. Er überzeichnet menschliches Verhalten, um die göttliche Barmherzigkeit abzubilden. Wenn er nicht Geschichten erzählt, sondern den Willen Gottes lehrt, ist es umgekehrt. Nicht menschliches Verhalten stellt das Erbarmen Gottes dar, sondern Menschen sind berufen, seine Barmherzigkeit wiederzugeben: »Seid barmherzig, wie euer Vater barmherzig ist.« (Lk 6,36) Das Matthäusevan-

[33] Vgl. Marie Noël, *Notes intimes*, Paris 1959, 111–112.

gelium überliefert dasselbe Wort leicht verändert: »Ihr sollt vollkommen sein, wie euer himmlischer Vater vollkommen ist.« (Mt 5,48) Dieser Satz krönt in der Bergpredigt seine neue Auslegung von sechs alten Geboten (Mt 5,21–48). Vollkommene Gerechtigkeit ist Barmherzigkeit.

Jesus bestätigt die Forderung der Gerechtigkeit: »Meint nicht, ich sei gekommen, das Gesetz oder die Propheten aufzulösen. Nicht um aufzulösen, bin ich gekommen, sondern um zu erfüllen.« (Mt 5,17) Er weckte mit seinen Auslegungen der Gebote anscheinend den Verdacht, er löse das Gesetz auf. Aber er widerspricht. Wenn er von gängigen Interpretationen abweicht, dann nicht in Richtung Ungerechtigkeit. Er weicht tatsächlich ab, aber in die andere Richtung, in Richtung auf das, was mehr ist als gerecht. So erfüllt er das Gesetz und die Propheten.

Es geht Jesus um größere Gerechtigkeit: »Wenn eure Gerechtigkeit nicht mehr überfließt, als die der Schriftgelehrten und Pharisäer, werdet ihr nicht ins Himmelreich hineinkommen.« (Mt 5,20) »Himmelreich« meint hier nicht das Leben nach dem Tod, sondern jeden Ort im Himmel und auf Erden, wo »der Himmel«, das heißt Gott, regiert. Seine Königsherrschaft beginnt, wo die Gerechtigkeit überströmt. Die Lehre Jesu setzt eine Dynamik in Gang, welche »die Regel der Gerechtigkeit« mit ihrer »Entsprechungslogik«, wie Paul Ricœur sagt, in das Licht einer »Logik der Überfülle« rückt.[34] Jesus legt das Versprechen einer überströmenden Gerechtigkeit frei, das in den Geboten enthalten ist.

»Ihr habt gehört, dass gesagt wurde: Auge um Auge und Zahn um Zahn. Ich sage euch: Leistet dem, der Böses tut,

---

[34] Paul Ricœur, Liebe und Gerechtigkeit, Tübingen 1990, 65–67.

keinen Widerstand! Wenn dich einer auf die rechte Wange schlägt, dann halte ihm auch die andere hin. Und wenn dich einer vor Gericht ziehen will, um dein Gewand zu nehmen, dann lass ihm auch den Mantel. Und wenn dich einer nötigt, eine Meile mitzugehen, dann geh mit ihm zwei. Gib dem, der dich bittet, und wende dich nicht ab von dem, der von dir borgen will!« (Mt 5,38–42)

Die Regel fordert »Auge um Auge und Zahn um Zahn«. Eine solche Entsprechungslogik bedeutet einen Fortschritt: Eine verhältnismäßige Strafe ist besser, als Verbrechen ungestraft zu lassen, und besser als Rache, die für einen Zahn ein ganzes Gebiss zertrümmert. Jesus ist nicht gekommen, um die Forderung des Gesetzes aufzuheben. Es gibt Situationen, in denen zuerst das Recht wiederhergestellt werden muss, bevor man sich von ihm in Richtung Barmherzigkeit entfernen kann.

Jesus lädt aber tatsächlich ein, über das hinauszugehen, was die strikte Gerechtigkeit verlangt. »Ich sage euch: Leistet dem, der Böses tut, keinen Widerstand.« Diese Worte sind kein Gesetz, sonst hätten diejenigen Recht, die ihn der Auflösung des Gesetzes bezichtigen. Jesus legt die Gebote aus, nicht um ein neues Gesetz zu erlassen, sondern um Breschen zu schlagen und Freiräume und Lücken zu schaffen, durch welche die Königsherrschaft Gottes in die Welt einbrechen kann. Er macht drei beispielhafte Vorschläge.

»Wenn dich einer auf die rechte Wange schlägt«, verlangt und erlaubt das Gesetz, den Schlag zu vergelten. Aber es verbietet, zweimal oder härter zu schlagen: Auge um Auge, Zahn um Zahn, Schlag auf Schlag. Mit einer der Aggression genau entsprechenden Vergeltung wären die Konfliktparteien im besten Fall quitt. Aber eine solche Präzision ist fast unerreichbar. Vergeltung führt oft nicht zum Frieden, sondern zieht weitere Gewalt nach sich.

Jesus schlägt vor: »Halte auch die andere Wange hin.« Zwei Dinge können dann passieren. Entweder steckt der Geschlagene einen zweiten Schlag ein, oder seine ausgefallene Geste überrascht den Aggressor so sehr, dass er in Verlegenheit gerät. Seine Gewalt läuft ins Leere und es entsteht Raum für Neues und Unerwartetes. Der Vorschlag Jesu ist keine Vorschrift, sondern eine Einladung zur Kreativität. Überraschende Gesten geben der überströmenden Gerechtigkeit des Reiches Gottes eine Chance.

Auch die beiden anderen Vorschläge sind keine Rechtsvorschriften. Was wäre das für ein Gesetz, das einem Mann, der sein Gewand verpfänden muss, um ein Darlehen zurückzuzahlen, vorschreibt, auch seinen Mantel herzugeben? Jesus löst das Gesetz, das jedem den Besitz eines Mantels garantiert (Ex 22,25–26), nicht auf. Aber er hat sich eine ebenso riskante wie kreative Art ausgedacht, die Regel unerbittlicher Gerechtigkeit zu untergraben. Riskant, weil der Gläubiger so dreist sein könnte, dass er das Angebot seines Schuldners beim Wort nimmt und seinen Mantel mitsamt seinem Gewand davonträgt. Kreativ, weil ihm die Blöße dessen, der ihm aus freien Stücken nicht nur sein Gewand, sondern auch seinen Mantel überlässt, die eigene Herzlosigkeit so krass vor Augen führen könnte, dass er die ganze Schuld erlässt.

Und wenn ein Jude in seinem eigenen Land gezwungen wird, Gepäck und Waffen eines römischen Soldaten zu tragen, und nach der Meile, zu der er verpflichtet ist, einfach weitermacht, wird sich der Soldat erstaunt an den Kopf greifen. Vielleicht wird er anstatt eines Untergebenen auf einmal einen Mitmenschen vor sich sehen. Aber nichts ist garantiert.

Jesus legt ein letztes Gebot auf seine Überfülle hin aus. »Ihr habt gehört, dass gesagt wurde: Du sollst deinen Nächsten lieben und deinen Feind hassen. Ich sage euch: Liebt eure Feinde und betet für die, die euch verfolgen.« (Mt 5,43–44) Es ist oft bemerkt worden, dass das Gebot lautet: »Du sollst deinen Nächsten lieben.« Warum fügt Jesus hinzu: »Und deinen Feind hassen«? In den biblischen Sprachen bedeutet »hassen« oft ganz einfach »nicht lieben«. »Du sollst deinen Nächsten lieben und deinen Feind hassen« bedeutet: »Du sollst zwischen den Mitgliedern deines Volkes und den Feinden, die es zerstören wollen, unterscheiden.« Wenn es stimmt, dass Jesus nicht gekommen ist, um das Gesetz aufzulösen, hat er auch dieses Gebot nicht aufgehoben. Das Ja zum Nächsten schließt manchmal ein Nein zum Feind ein. Aus Liebe und Sorge für sein Volk weigerte sich Jona, in Ninive zu predigen ...

Und dennoch: »Liebt eure Feinde und betet für die, die euch verfolgen.« Mit anderen Worten: Handelt wie Jona, als er nicht mehr nach eigenem Ermessen handelte, sondern tat, was Gott ihm aufgetragen hatte. Jesus rechtfertigt die Erweiterung des Liebesgebots auf die Feinde nicht mit menschlichen Argumenten. Er kann nur auf Gott hinweisen: »So werdet ihr Söhne und Töchter eures Vaters im Himmel; denn er lässt seine Sonne aufgehen über Böse und Gute und lässt regnen über Gerechte und Ungerechte.« (Mt 5,45)

Diese Lehre Jesu ist wunderbar und anstößig zugleich. Was ist schöner als die Großzügigkeit Gottes, der niemanden von seinen Wohltaten ausschließt? Aber seine Güte ist auch ein Skandal. Warum macht er den Machenschaften der Bösen und Ungerechten nicht ein Ende? Um seiner Barmherzigkeit willen geht er lieber Wagnisse ein, als Gewalt anzuwenden. Deshalb lehrt Jesus seine Jünger die Überfülle der Gerechtigkeit.

Die grenzenlose Barmherzigkeit kommt Gott teuer zu stehen. Er verschonte die Feinde Israels und nahm damit in Kauf, über das Elend und die Verbannung seines geliebten Volkes klagen zu müssen. Er erhält auch Bösewichte am Leben und greift nicht einmal ein, um sie aufzuhalten, wenn sie seinen geliebten Sohn Jesus umbringen. Diesen Preis hat seine Barmherzigkeit.

Barmherzigkeit kann wirkliche oder scheinbare Ungerechtigkeit nach sich ziehen. Aber Gott wagt sie, weil es ihm um das Heil aller Menschen geht. Die Barmherzigkeit, die ihn den Tod seines Sohnes gekostet hat, wirkte das Heil der Welt. Und manchmal bringt, wo menschliches Pochen auf Gerechtigkeit versagt, die Barmherzigkeit seiner Kinder zustande, was gerecht ist.

Die Kleinen im Matthäusevangelium

Kinder und Kleine kommen in den Evangelien am häufigsten bei Matthäus vor. Die ersten Seiten geben den Ton an: Im zweiten Kapitel heißt Jesus neunmal nacheinander einfach »das Kind«. Dem entspricht das besondere Gewicht, das Matthäus der Jüngerbezeichnung »diese Kleinen« gibt. Die entsprechenden Stellen wurden öfter im synoptischen Vergleich analysiert.[35] Das vorliegende Kapitel beschränkt und konzentriert sich auf Matthäus. Die eigentümliche matthäische Akzentsetzung mahnt Theologie und Kirche, nicht zu schnell zu meinen, mit den Worten Jesu über die Kinder, Kleinen und Unmündigen fertigzuwerden.

Hans Urs von Balthasars kurz vor seinem Tod verfasste Schrift *Wenn ihr nicht werdet wie dieses Kind*[36] steht mit ihren gerade 99 Seiten klein und bescheiden neben den großen umfangreichen Bänden seiner Trilogie. Sie kann aber als sein letztes Werk als Vermächtnis gelten. Auf dem »Weg in die Lebenszukunft hinein innehalten und die entgegengesetzte Richtung einschlagen« (7) ist keine Nebensache, sondern unbedingtes Herzstück des Evangeliums. »Jesu Stel-

---

[35] Siehe z. B. Simon Légasse, *Jésus et l'enfant. «Enfants», «petits» et «simples» dans la tradition synoptique*, Paris 1969.

[36] Hans Urs von Balthasar, *Wenn ihr nicht werdet wie dieses Kind*, Einsiedeln und Freiburg ²1998. Die folgenden Zahlen in Klammern beziehen sich auf dieses Werk.

lung zum Kind ist vollkommen eindeutig. Keiner wird in das Reich Gottes, das in ihm nahe gekommen ist, eingehen, es sei denn, er mache eine Kehrtwendung und gehe in seine Ursprungsgesinnung zurück.«(7) Kein Christ kommt um das herum, was Jesus »vollkommen eindeutig« gesagt hat.

Von Balthasar entfaltet das Thema umfassend und in großer theologischer Tiefe. Der Leitfaden ist die Gotteskindschaft, an welcher der ewige Sohn des Vaters uns Anteil gibt. Aber der Zugang »zu dem einzigartigen Kind, das Jesus selbst ist«, geht aus »von dem auf der Straße aufgelesenen Kind, das die Jünger zunächst als unbedeutend und lästig von Jesus abwehren wollten« (8). Von Balthasar bemerkt, dass Jesus dieses Kind zufällig auf der Straße gefunden hat. »Jesus sucht sich nicht ein Musterkind aus, um es als Modell vorzustellen.« (10) Es geht nicht an, »dem Kind [...] Tugenden anzudichten, die es nicht hat und überhaupt nicht haben kann« (16). Kennzeichnend für ein Kind ist »seine absolute Bedürftigkeit« (20). Wird die Bedürftigkeit der Menschenkinder in die Gotteskindschaft hinein aufgehoben, erwachen ihr kindliches Staunen (60), Bitte und Dank (65), »die kindliche Nicht-Sorge und die kindliche Gebefreudigkeit« (68), Gefügigkeit (71), bei Maria »eine reine Kindesgesinnung [...], die dem Vater alles zutraut« (91).

In den folgenden Beobachtungen, die sich möglichst nahe an den Text des Matthäusevangeliums halten, bleibt der karge Aspekt der Bedürftigkeit prägend. Genauso wie das Kind »nicht bloß ein fernes Gleichnis für den Sohn Gottes« (8–9) ist, ist die Bedürftigkeit der Kleinen, Unmündigen und Geringen für die Jünger nicht nur Symbol. Wie zwischen dem von der Straße aufgelesenen Kind – »irgendeinem aus hunderttausenden« (9) – und Jesus selbst »eine direkte Kontinuität« (8) besteht, besteht eine direkte Kontinuität zwischen den Aposteln und irgendwelchen Geringen; die Jünger heißen bei Matthäus »diese Kleinen.«[37]

Einer von diesen Kleinen

Der typische Ausdruck »einer von diesen Kleinen« kommt zum ersten Mal im zehnten Kapitel vor. Im Zusammenhang lautet die Stelle: »Wer euch aufnimmt, der nimmt mich auf, und wer mich aufnimmt, nimmt den auf, der mich gesandt hat. Wer einen Propheten aufnimmt, weil es ein Prophet ist, wird den Lohn eines Propheten erhalten. Wer einen Gerechten aufnimmt, weil es ein Gerechter ist, wird den Lohn eines Gerechten erhalten. Und wer einem von diesen Kleinen auch nur einen Becher frisches Wasser zu trinken gibt, weil es ein Jünger ist – amen, ich sage euch: Er wird gewiss nicht um seinen Lohn kommen.« (Mt 10,40–42)

Jesus sagt diese Worte seinen Jüngern, genauer den »zwölf Aposteln« (Mt 10,2), deren Aussendung der Anfang des Kapitels berichtet. Die zwölf Jünger werden dadurch zu Aposteln, dass Jesus »ihnen Vollmacht gab« (Mt 10,1). Das griechische *apostolos* geht bekanntlich auf das hebräische *schaliach* zurück. Dahinter steht das alte Botenrecht mit dem Grundsatz: »Der Gesandte eines Menschen ist wie die-

[37] Während von Balthasar »diese Kleinen« in Mt 18,6 und 10 auf Kinder deutet, legt der Gesamtzusammenhang des Matthäusevangeliums nahe, »diese Kleinen« durchwegs als Jüngerbezeichnung zu verstehen.

ser selbst.« In diesem Sinn sagt Jesus den Zwölf: »Wer euch aufnimmt, der nimmt mich auf.«

Jesus zählt die Gastfreundschaft auf, die einem Propheten, einem Gerechten oder »einem dieser Kleinen« gewährt wird. Teilt er damit die ausgesandten Jünger in drei Gruppen auf? Der Zusammenhang des Matthäusevangeliums spricht gegen diese Auslegung. Denn Propheten oder Gerechte heißen im Matthäusevangelium nicht die Jünger Jesu, sondern die hervorragenden Gestalten des Alten Bundes (Mt 13,17 und 23,29). Mit der einem Propheten oder einem Gerechten gewährten Gastfreundschaft erinnert Jesus an die alten Geschichten. Der Witwe von Sarepta brauchte es nicht leid zu sein, dass sie den Propheten Elija aufnahm; sie empfing ihren Lohn. Die Jünger, die Jesus jetzt aussendet, gehören alle zu »den Kleinen«, die es nicht mit den großen Gestalten des Alten Bundes aufnehmen können. Es sind Fischer aus Galiläa, Zöllner wie Matthäus selbst (Mt 10,3). Außer ihrer Berufung durch Jesus zeichnet sie nichts aus. Hat Jesus nicht selbst erklärt: »Ich bin gekommen, um die Sünder zu rufen, nicht die Gerechten« (Mt 9,13)?

Die Pointe besteht darin, dass »diese Kleinen« einen ebenso großen oder sogar noch größeren Schatz in und mit sich tragen als ihre Vorgänger, die Propheten und die Gerechten. Denn Christus selbst ist in und mit ihnen da, und durch ihn Gott selbst und sein Reich: »Wer euch aufnimmt, der nimmt mich auf, und wer mich aufnimmt, nimmt den auf, der mich gesandt hat.« Und dennoch bleiben sie Kleine. Sie sollen nicht die besondere Gastfreundschaft erwarten, die den Propheten und Gerechten zusteht. Sie sollen zufrieden sein, wenn man ihnen »auch nur einen Becher kaltes Wasser zu trinken gibt«. Falls es stimmen sollte, dass besonders geehrten Gästen warmes Wasser angeboten wurde, beschönigt die Übersetzung »frisches Wasser«. »Auch nur einen Becher kaltes Wasser« bedeutet das mindeste. Es fällt auf, dass nach den Worten Jesu »*einer* von diesen Kleinen« den Lohn, das heißt die Nähe und Gegenwart Gottes, mit sich bringt. Der Gedanke, die Kleinheit müsse durch eine große Anzahl von Jüngern kompensiert werden, kommt gar nicht erst in den Blick.

Ein wenig später taucht im elften Kapitel in einem Jesuswort wieder ein Kleiner auf: »Amen, das sage ich euch: Unter allen Menschen hat es keinen größeren gegeben als Johannes den Täufer; doch im Himmelreich ist der Kleinere größer als er.« (Mt 11,11) Johannes ist der größte der Propheten, die Gott jemals gesandt hat (Mt 11,9). Wie am Ende des vorhergehenden Kapitels stellt Jesus einen Propheten und einen Kleinen einander gegenüber, oder genauer gesagt: Johannes, der »mehr« ist als ein Prophet (Mt 11,9), und einen, der »kleiner« ist als er. Normalerweise wird übersetzt: »der Kleinste im Himmelreich ist größer als er.« Aber es empfiehlt sich zu lesen: »der Kleinere ist im Himmelreich größer als er.« Jesus spricht nicht im Superlativ vom Kleinsten im Reich Gottes, sondern im Komparativ von einem Kleineren als Johannes: »wenn Gott sein Reich aufrichtet, ist der Kleinere als Johannes größer als er.«

Wen meint Jesus mit diesem »Kleineren als Johannes«? Man denkt zunächst an »einen dieser Kleinen«, an die Jünger, die Jesus ausgesandt hat. In diesem Fall bestätigt das Wort Jesu, dass Gott einen Kleinen, der es nicht mit Johannes aufnehmen kann, dazu befähigt, Träger eines Schatzes zu sein, der größer als der des Johannes ist. Die Jünger Jesu, die kleiner sind als Johannes, tragen den Schatz des Reiches

Gottes mit sich, während Johannes nur sein Kommen verkündete und den Weg bereitete.

Aber »der Kleinere« könnte auch Jesus selbst sein. Er ist kleiner als Johannes, weil er jünger ist und »nach ihm kommt« (vgl. Joh 1,15). Wir vergessen leicht, dass Johannes lange bekannter war als Jesus. Noch gegen Ende des ersten Jahrhunderts vermittelt Flavius Josephus diesen Eindruck in seinen *Antiquitates Judaicae.*[38] Die Kirchenväter hatten keine Schwierigkeiten, in dem »Kleineren« Jesus zu sehen.[39] Tertullian schreibt: »Entweder spricht [Jesus] von irgendeinem Geringen oder von sich selbst, da er für kleiner als Johannes gehalten wurde.«[40] Nach Johannes Chrysostomus war Jesus »kleiner [als Johannes], was sein Alter oder seinen öffentlichen Ruf betraf, denn man nannte ihn einen Fresser und Säufer und sagte: Ist das nicht der Sohn des Zimmermanns?, und setzte ihn ständig herab«.[41] Die Unbestimmtheit dieses Jesuswortes ist vielleicht beabsichtigt. Was für Jesus gilt, gilt auch für seine Jünger: Gott will durch das, was klein ist, gegenwärtig sein.

Im Gleichnis vom Senfkorn im dreizehnten Kapitel findet sich das Motiv des Kleineren, das zum Größeren wird, wieder. »Es ist das kleinste von allen Samenkörnern [das kleinere als alle Samenkörner]; sobald es aber hochgewachsen ist, ist es größer als die anderen Gewächse.« (Mt 13,32) Im winzigen Senfkorn, das zu einem Baum heranwächst, kann

---

[38] Buch 18.

[39] Siehe Franz Dibelius, *Zwei Worte Jesu*, in: *Zeitschrift für die Neutestamentliche Wissenschaft* 11 (1910), 188–192.

[40] Tertullian, *Adversus Marcionem*, 4,18.

[41] Johannes Chrysostomus, *In Matthaeum*, 37. Homilie.

man sowohl Jesus als auch seine Jünger sehen. Als Kleiner ist Jesus die *autobasileia*, wie Origenes sagte,[42] das noch verborgene Reich Gottes in Person. Und »einer von diesen Kleinen«, ein Jünger, trägt den Schatz derselben Königsherrschaft Gottes in und mit sich.

Die Unmündigen

Das Wort »Unmündige« erscheint zum ersten Mal im Gebet Jesu im elften Kapitel: »In jener Zeit sprach Jesus: Ich preise dich, Vater, Herr des Himmels und der Erde, weil du all das den Weisen und Klugen verborgen, den Unmündigen aber offenbart hast. Ja, Vater, so hat es dir gefallen.« (Mt 11,25–26)

Alles in allem spricht das Matthäusevangelium zweimal von den »Unmündigen«, das zweite Mal im Bericht des Einzugs Jesu in Jerusalem. Die Hohepriester und die Schriftgelehrten werden ärgerlich, weil sie »die Kinder im Tempel rufen hören: Hosanna dem Sohn Davids!« (Mt 21,15)

Aber Jesus hält ihnen einen Vers aus Psalm 8 entgegen: »Habt ihr nie gelesen: Aus dem Mund der Unmündigen und Säuglinge schaffst du dir Lob?« (Mt 21,16) Hier sind die »Unmündigen« Kinder oder Jugendliche, die sich nicht still halten können und einfach glücklich sind, den Messias zu feiern. Die Hohepriester und Schriftgelehrten haben aber für solche Kindereien nichts als Verachtung übrig. Sie setzen spontan voraus, dass Jesus, dessen Ernsthaftigkeit sie schätzen, ihre Auffassung teilt, und bitten ihn einzugreifen: »Hörst du, was sie rufen?« (Mt 21,16) Zu ihrer großen Über-

---

[42] Origenes, *In Matthaeum*, 14,7.

raschung nimmt Jesus aber diese »Unmündigen« nicht nur in Schutz, sondern findet ihr Verhalten auch noch mit der Weissagung der Heiligen Schrift konform!

Im Dankgebet Jesu im elften Kapitel sind die »Unmündigen« nicht Kinder oder Jugendliche, sondern seine Jünger. Als »die Kleinen« unterscheiden sie sich von den Propheten und Gerechten, als »die Unmündigen« stehen sie »den Weisen und Klugen«, der intellektuellen und religiösen Elite, gegenüber. Es ist gut möglich, dass die Jüngerbezeichnung »Unmündige« von den Gegnern Jesu stammt. Mit diesem Spitznamen für die Fischer und Zöllner aus Kafarnaum, die Jesus folgten, gaben sie ihrer Geringschätzung Ausdruck. Sie nahmen die Jünger Jesu nicht ernster, als die Hohepriester die Kinder im Tempel. Aber Jesus bewundert, was sie verhöhnen. Er stellt voll Staunen fest, wie Gott die »Unmündigen« gern und reich beschenkt: »Ja, Vater, so hat es dir gefallen.« Die »Unmündigen« zeichnet keine menschliche Eigenschaft aus, die ihnen im Vergleich mit den »Weisen und Klugen« einen Vorzug gäbe. Der Grund, warum sie verstehen, was jenen verborgen bleibt, ist in Gott allein. Gott hat es gefallen, ihnen »die Geheimnisse des Himmelreichs« zu offenbaren (Mt 13,11).

Der Apostel Petrus ist einer von diesen »Unmündigen«. Das zeigt sich in dem Vergleich mit dem Wort, das Jesus an ihn richtet: »Selig bist du, Simon Barjona; denn nicht Fleisch und Blut haben dir das offenbart, sondern mein Vater im Himmel.« (Mt 16,17) Da Gott ihm offenbart, was den Weisen und Klugen verborgen bleibt, muss Simon Petrus zu den »Unmündigen« gehören.

Heißt das, dass die Weisen und Klugen für immer von der Offenbarung ausgeschlossen bleiben? Nicht unbedingt.

Denn wenn auch nicht abzusehen ist, dass alle Unmündigen eines Tages weise und klug werden, könnten doch alle Weisen und Klugen zutiefst in sich selbst das Kind wiederfinden, das sie einmal gewesen sind. Damit sind wir auch schon beim achtzehnten Kapitel des Matthäusevangeliums angelangt, wo wieder von den Kindern und Kleinen die Rede ist.

Wenn ihr nicht umkehrt und wie die Kinder werdet …

»In jener Stunde kamen die Jünger zu Jesus und fragten: Wer ist im Himmelreich der Größte? Da rief er ein Kind herbei, stellte es in ihre Mitte und sagte: Amen, das sage ich euch: Wenn ihr nicht umkehrt und wie die Kinder werdet, könnt ihr nicht in das Himmelreich kommen. Wer so klein sein kann wie dieses Kind, der ist im Himmelreich der Größte. Und wer ein solches Kind um meinetwillen aufnimmt, der nimmt mich auf.« (Mt 18,1–5)

Vielleicht war der Grund für die Frage der Jünger: »Wer ist im Himmelreich der Größte?« nicht ihre Eitelkeit, sondern ein echtes Anliegen. Im apokryphen Thomasevangelium fragen sie Jesus: »Wir wissen, dass du von uns gehen wirst. Wer ist es, der über uns groß sein wird?« (Logion 12) Sie möchten wissen, wer Jesus vertreten wird, wenn er »ihnen genommen sein wird« (Mt 9,15). Im zehnten Kapitel machte Jesus seine Jünger zu seinen Stellvertretern: »Wer euch aufnimmt, der nimmt mich auf.« (Mt 10,40) Jetzt stellt er ein Kind in ihre Mitte und erklärt es genauso zu seinem Stellvertreter: »Wer ein solches Kind um meinetwillen aufnimmt, der nimmt mich auf.« (Mt 18,5) Was für die ausgesandten Jünger gilt, gilt für das Kind, das Jesus zufällig gefunden hat! Die Jünger sind legitime Stellvertreter Christi nur dann, wenn sie »umkehren und wie die Kinder werden«.

Die Übersetzung von »wenn ihr nicht umkehrt« ist strittig. Handelt es sich um einen Hebraismus mit der Bedeutung: »Wenn ihr nicht *wieder* wie die Kinder werdet«? Oder meint umkehren die Sinnesänderung und Bekehrung? Die Grundbedeutung des vorliegenden Verbs ist »wenden«, »umkehren«. Die Jünger sind in Fahrt; sie sollen aber innehalten, ihre Karriere abbrechen, wenden und wieder Anfänger werden. Jesus macht die Kinder nicht wegen irgendwelchen Eigenschaften zum Vorbild der Jünger, sondern deshalb, weil die Kinder Anfänger sind, noch am Anfang stehen. »Klein werden wie dieses Kind« heißt von vorne anfangen, wieder am Anfang stehen.

In den folgenden Versen kommt der typische Ausdruck »einer von diesen Kleinen« gleich dreimal vor. »Wer *einen von diesen Kleinen*, die an mich glauben, zum Bösen verführt, für den wäre es besser, wenn er mit einem Mühlstein um den Hals im tiefen Meer versenkt würde.« (Mt 18,6) »Hütet euch davor, *einen von diesen Kleinen* zu verachten! Denn ich sage euch: Ihre Engel im Himmel sehen stets das Angesicht meines himmlischen Vaters.« (Mt 18,10) Und im letzten Satz des Gleichnisses vom verlorenen Schaf: »So will auch euer himmlischer Vater nicht, dass *einer von diesen Kleinen* verlorengeht.« (Mt 18,14)

Eine ganze Reihe von Kommentaren vertreten die Ansicht, dass mit »diesen Kleinen« nicht die Jünger überhaupt, sondern nur besonders schwache oder geistlicher Reife ermangelnde Jünger gemeint sind. Aber unterschied Jesus wirklich zwischen starken und schwachen, zwischen großen und kleinen unter seinen Jüngern? Er hatte doch gerade erklärt, dass es unmöglich ist, in das Reich der Himmel, das heißt, in den Einflussbereich und unter die Herrschaft Gottes, zu gelangen, ohne umzukehren, zu wenden und wie ein Kind zu werden. Wer nicht klein ist, ist auch kein Jünger.

Aber wenn alle Jünger Kleine sind, an wen richtet sich die Warnung Jesu, sie nicht »zum Bösen zu verführen« oder zu »verachten«? Ursprünglich sprach Jesus von »diesen Kleinen, die an mich glauben«, wohl nicht zu seinen Jüngern, sondern zu denen, die eben nicht an ihn glaubten; er warnte sie, wie er die Hohepriester und Schriftgelehrten zurechtwies, als sie sich über die Kinder im Tempel empörten. Diese ursprünglich polemischen Worte Jesu überliefert das Evangelium im Zusammenhang einer Rede an die Jünger, denn auch Kleine können andere Kleine »zum Bösen verführen« oder »verachten«.

Clemens von Rom kennt ein Jesuswort, das von »diesen Kleinen« handelt, in folgender Form: »Besser wäre es für einen Menschen gewesen, wenn er nicht geboren worden wäre, als dass er einem meiner Auserwählten Ärgernis gibt; nützlicher wäre es für ihn, wenn ihm ein Mühlstein umgehängt und er in die Tiefe des Meeres versenkt würde, als dass er einen meiner Auserwählten verführt.«[43] Der Begriff »meine Auserwählten« bezeichnet normalerweise die Gesamtheit der Jünger. Die Beobachtung, dass »diese Kleinen« bei Clemens »meine Auserwählten« werden, scheint zu bestätigen, dass »diese Kleinen« im Evangelium alle Jünger, und nicht eine besondere Gruppe von Schwachen, bezeichnet.

---

[43] *Erster Clemensbrief*, 46,8.

Das Gleichnis vom verirrten Schaf (Mt 18,12–14), wie es Matthäus überliefert, weist in dieselbe Richtung. Bei Lukas lässt das verlorene Schaf an Zöllner und Sünder denken (Lk 15,1–7). Bei Matthäus ist das Schaf nicht »verloren«, sondern »verirrt«, kein Sünder oder Zöllner, sondern ein Mitglied der Gemeinde, ein Jünger, »einer dieser Kleinen« (Mt 18,14), von denen Gott nicht will, dass sie verloren gehen. Kinder verirren sich leicht, was aber noch nicht heißt, dass sie verloren gehen. Für einen Jünger Jesu kann »klein werden wie dieses Kind« so weit gehen: es nötig zu haben, wie ein verirrtes Schaf gesucht zu werden. Es ist erstaunlich, dass ein treuer Jünger Christi gleichzeitig ein Kleiner sein kann, der sich verirrt und den der Hirte suchen muss. Doch schon Psalm 119, ein leidenschaftliches Bekenntnis zur Gesetzestreue, endet mit diesem Vers: »Ich bin verirrt wie ein verlorenes Schaf. Suche deinen Knecht! Denn deine Gebote habe ich nicht vergessen.« (Ps 119,176)

Den Jüngern fiel es schwer, die Lehre Jesu von den Kleinen und Kindern zu verstehen. Kurz nach seiner Rede »brachte man Kinder zu ihm, damit er ihnen die Hände auflegte und für sie betete« (Mt 19,13). Anstatt in diesen Kindern sich selbst wiederzuerkennen, wiesen die Jünger sie schroff ab. Aber »Jesus sagte: Lasst die Kinder zu mir kommen; hindert sie nicht daran! Denn Menschen wie ihnen gehört das Himmelreich.« (Mt 19,14)

Einer dieser meiner geringsten Brüder

Es bleibt ein letztes Wort Jesu über die Kleinen. Wenn alle Völker vor seinem Thron versammelt sein werden, wird der Menschensohn sprechen: »Amen, ich sage euch: Was ihr für einen dieser meiner geringsten Brüder getan habt, das habt ihr mir getan.« (Mt 25,40) Auf dieses Wort führt, wie auf einen Höhepunkt, die ganze Reihe von Versen im Matthäusevangelium zu, in denen von den Kleinen die Rede ist. Die »Kleinen« sind hier die »Geringsten« geworden. Eine der den Geringsten erwiesenen Taten der Barmherzigkeit: »Ich war durstig, und ihr habt mir zu trinken gegeben« (Mt 25,35), erinnert an das Wort im zehnten Kapitel: »Wer einem von diesen Kleinen auch nur einen Becher kaltes Wasser zu trinken gibt.« (Mt 10,42)

Die Worte über die Kleinen und die Geringsten im Matthäusevangelium werfen immer neu die Frage auf, wer denn Jesus repräsentiert und vertritt. Wer macht als Stellvertreter den abwesenden Christus gegenwärtig? Die ausgesandten Jünger tragen seine Gegenwart in und mit sich: »Wer euch aufnimmt, der nimmt mich auf.« (Mt 10,40) Ein Kind ist Träger seiner Gegenwart: »Und wer ein solches Kind um meinetwillen aufnimmt, der nimmt mich auf.« (Mt 18,5) Und nun sagt Jesus, dass der Menschensohn am Ende feierlich erklären wird, dass die Hungrigen und Durstigen, die Fremden, die Armen, die Kranken und Gefangenen (Mt 25,35–36) die ganze Zeit seine Stellvertreter gewesen sein werden.

Meint der Ausdruck »diese meine geringsten Brüder und Schwestern« die Armen im allgemeinen oder die Armen unter den Jüngern Jesu, seine Jünger als Arme? Die Ähnlichkeit mit dem typischen Ausdruck »einer von diesen Kleinen«, der eindeutig die Jünger bezeichnet, spricht für die zweite Möglichkeit. Für sie spricht ebenso die Tatsache, dass Jesus an anderer Stelle seine Jünger ausdrücklich »seine Brüder« nennt: »Geht und sagt meinen Brüdern, sie sollen nach Galiläa gehen, und dort werden sie mich sehen.« (Mt 28,10) Die Formulierung »diese meine geringsten Brüder« würde dann die unter die Völker ausgesandten und gedemütigten Jünger bezeichnen. So verstehen sie zum Beispiel die Thomasakten, eine apokryphe Schrift aus der ersten Hälfte des 3. Jahrhunderts. In seinem Gefängnis in Indien betet der Apostel Thomas am Abend vor seinem Märtyrertod: »Nun habe ich deinen Willen vollbracht und dein Werk vollendet. Um deinetwillen wurde ich arm und bedürftig, Fremder, Sklave und verachtet, Gefangener, hungrig und durstig, nackt, barfuß und erschöpft.«[44]

Jesus gibt seinen Jüngern zu verstehen, dass sie, die »Kleinen«, auch noch zu »Geringsten« werden können. Aber sogar wenn sie nichts gelten, nicht als Jünger erkannt und nicht um Christi willen, sondern nur aus Mitleid aufgenommen werden, bleiben sie, auch als »die geringsten seiner Brüder und Schwestern«, Träger seiner Gegenwart.

Zu unterstreichen ist das Erstaunen derer, die der Menschensohn einlädt, das Reich seines Vaters in Besitz zu nehmen. Sie sagen: »Herr, wann haben wir dich hungrig gesehen und dir zu essen gegeben, oder durstig und dir zu trinken gegeben? Und wann haben wir dich fremd und obdachlos gesehen und aufgenommen, oder nackt und dir Kleidung gegeben? Und wann haben wir dich krank oder im Gefängnis gesehen und sind zu dir gekommen?« (Mt 25,37–39) Sie taten Gutes nicht mit der Absicht und

---

[44] *Thomasakten*, 145,2.

dem Wunsch, Christus zu begegnen. Auch wenn die Menschen, die sie aufnahmen, Jünger waren, wird nicht die Aufnahme eines Gesandten Christi belohnt, sondern die Aufnahme einer Fremden, eines Kranken, eines Gefangenen.

Diese Beobachtung deutet an, dass Christus im Lauf der Geschichte noch viele andere Stellvertreter, noch viele andere Brüder und Schwestern gehabt haben wird als seine Jünger. Es ist wie mit dem Kind, das Jesus in ihre Mitte stellte. Obwohl es kein Jünger ist, zögert Jesus nicht, es einem Apostel gleichzustellen, was seine Stellvertretung betrifft: »Und wer ein solches Kind um meinetwillen aufnimmt, der nimmt mich auf.« (Mt 18,5) Die Jünger, die »klein sein können wie dieses Kind«, repräsentieren Christus ganz gewiss. Aber die Kleinen, die Gedemütigten, alle, die nichts gelten, wie Christus nichts gegolten hat, sind ebenso seine Brüder und Schwestern, seine Stellvertreter und Träger seiner Gegenwart und der Gegenwart Gottes.

Die kunstvolle Anordnung der Worte Jesu im Matthäusevangelium über die Kleinen und Geringen bis zum Höhepunkt in Kapitel 25 verrät gewiss redaktionelle Arbeit des Evangelisten. Aber »die Kleinen« als Bezeichnung der Jünger muss auf Jesus selbst zurückgehen, denn sie ist einerseits in allen drei synoptischen Evangelien bezeugt und kommt andererseits ausschließlich in Jesusworten vor. Die Jünger hätten sich keinen solchen Namen erfunden, wenn Jesus selbst sie nicht »diese Kleinen« genannt hätte.[45] Sie selbst

[45] Meines Wissens hat Otto Michel als Erster diesen Sachverhalt klar erkannt, vgl. Otto MICHEL, *»Diese Kleinen« – eine Jüngerbezeichnung Jesu*, in: *Theologische Studien und Kritiken* 108 (1937/38), 401–415, sowie Otto MICHEL, *Art.* μικρός, in: ThWNT IV (1942), 650–661.

zogen es sicher vor, zum Beispiel »meine Auserwählten« zu heißen, wie es die Clemens bekannte Tradition belegt.

Die geringste Stadt und diese geringsten Gebote

Ein aufmerksamer Leser wird ohne Mühe die Linie erkennen, die über all die Stellen im Matthäusevangelium, die Kinder, Kleine und Unmündige erwähnen, zu den »Geringsten« in Mt 25 führt. Etwas verborgener ist der Rückverweis des Stichworts die »Geringsten« (griechisch *elachistos*) auf die beiden Stellen, an denen das Wort schon früher vorkommt. Im zweiten Kapitel ist Betlehem »keineswegs die *geringste* unter den führenden Städten von Juda« (Mt 2,6). Und am Anfang der Bergpredigt spricht Jesus von »einem dieser *geringsten* Gebote« (Mt 5,19). Dieser Vers ist auch die einzige Stelle neben Kapitel 25, wo *elachistos* im Matthäusevangelium ebenfalls eine Person bezeichnet. Es lohnt sich, noch kurz dieser Spur zu folgen, um das Bild, das Matthäus von den Kleinen zeichnet, zu ergänzen.

Von Betlehem ist im zweiten Kapitel die Rede, also da, wo Jesus neunmal ganz einfach »das Kind« heißt. Die »Hohepriester und Schriftgelehrten« – dieselben, die sich später über die begeisterten Kinder im Tempel empören werden (Mt 21) – finden Betlehem im Propheten Micha erwähnt (Mi 5,1). Da steht aber bekanntlich, dass Betlehem eine »kleine« – die »Little town of Bethlehem« des englischen Weihnachtsliedes – oder gar eine »geringe« Stadt ist. Aus dem kleinen Betlehem machen aber die Schriftgelehrten »keineswegs die geringste«! Nach ihrer Überzeugung kann der Messias nicht in einer geringen Stadt geboren werden.

Kann es sein, dass Matthäus am Anfang seines Evangeliums absichtlich die Schriftgelehrten gerade das tun lässt, wozu sie sich später weigern werden? Sie sind bereit zu erkennen, dass das geringe Betlehem durch die Geburt des Messias zur bedeutenden Stadt wird. Aber später sind sie unfähig, in den Kleinen und Unmündigen, die Jesus umgeben, die Gegenwart der Königsherrschaft Gottes zu erkennen.

Die Fragen, die Mt 5,19 aufwirft, sind komplexer: »Wer auch nur eines von diesen geringsten Geboten aufhebt und die Menschen entsprechend lehrt, der wird im Himmelreich der Geringste genannt werden. Wer sie aber hält und lehrt, der wird im Himmelreich groß genannt werden.« (Mt 5,19) Was ist mit »diesen geringsten Geboten« gemeint? Wer hebt sie auf oder hält sie, und lehrt entsprechend?

Nach Augustinus sind »diese geringsten Gebote« die Gebote des alttestamentlichen Gesetzes, insbesondere die Zehn Gebote, wie seine Erwähnung des Gebotes: »Du sollst nicht töten« in diesem Zusammenhang belegt. Nicht zu töten ist ein »Minimum«, deshalb heißt das Gebot »Du sollst nicht töten« ein »kleines« Gebot.[46] Seit Augustinus sehen viele Ausleger in »diesen geringsten Geboten« alttestamentliche Gebote, manche wie Augustinus vor allem die Zehn Gebote,[47] andere eher inhaltlich geringfügiger scheinende Gesetzesbestimmungen. Im letzteren Fall kommt aber der Vers in eine fast unlösbare Spannung mit dem Rest der Bergpredigt.

---

46 Augustinus, *De sermone Domini in monte*, II,9.21.

47 So zum Beispiel Franz Dibelius, *Die kleinsten Gebote*, in: ZNW 11 (1910), 188–190: »Die ›kleinsten Gebote‹ sind die kürzesten Gebote« (189), das heißt die Gebote der zweiten Tafel des Dekalogs.

Eine andere Auslegungstradition geht auf Johannes Chrysostomus zurück. Für ihn sind »diese geringsten Gebote« die Gebote Jesu. Sie sind »gering«, weil Jesus selber bescheiden ist und vorläufig noch als ein »Kleiner« auftritt (vgl. Mt 10,11).[48] Es ist das Verdienst Ernst Lohmeyers, klar herausgearbeitet zu haben, dass die Gebote deshalb klein heißen, weil sie das Gesetz nur erläutern und nicht ersetzen, weil sie zu Jesus, »dem Kleineren«, gehören und weil sie für »die Kleinen«, die Jünger, bestimmt sind.[49]

Dass mit »diesen geringsten Geboten« die Gebote Jesu gemeint sind, bestätigt die Ähnlichkeit der Formulierung »eines von diesen geringsten Geboten« mit den Ausdrücken »einer von diesen Kleinen« und »einer dieser meiner geringsten Brüder«. So wie die Kleinen und die Geringsten in besonderer Weise mit Jesus in Beziehung stehen, müssen auch die geringsten Gebote in besonderer Weise zu ihm gehören. Dasselbe wird auch durch die Beobachtung nahegelegt, dass es »diese geringsten Gebote« zu »halten« gilt (Mt 5,19), genau wie am Ende der Bergpredigt »diese meine

---

48 »Weshalb also hat er sie [diese Gebote] die geringsten genannt, wo sie doch so groß und erhaben sind? Weil er selbst diese Gesetzgebung einführen wollte. Wie er nämlich sich selbst erniedrigte und oft bescheiden von sich redete, so machte er es auch mit seiner Gesetzgebung. […] Und auch weil ein Verdacht der Neuerung zu bestehen schien, redete er noch so zurückhaltend.« *In Matthaeum*, 16. Homilie.

49 »Klein sind sie [die Gebote], weil sie nur das Gesetz erläutern […]; klein sind sie, weil sie ›diesen Kleinen‹ gelten; klein sind sie endlich, weil Der, der sie gibt, als ein dienendes ›Menschenkind‹ unter den Menschen und ›unter dem Gesetz‹ wandelt.« Ernst Lohmeyer, *Das Evangelium nach Matthäus*, hrsg. von Werner Schmauch, Göttingen 1956, 111.

Worte«, die zweimal die Gebote Jesu bezeichnen (Mt 7,24 und 26), zu »halten« sind.

Auch die Antwort auf die Frage, wer hier »lehrt«, weist in dieselbe Richtung. Mit denen, die »lehren«, sind Jünger Jesu gemeint. So lang er auf der Erde weilt, »lehrt« Jesus allein, die Jünger »verkündigen« nur. Nach seiner Auferstehung erhalten sie, die Jesus von jetzt an »meine Brüder« nennt (Mt 28,10), den Auftrag zu »lehren«. Sie sollen alles, was Jesus ihnen »geboten« hat, das heißt all seine Gebote, lehren (Mt 28,20).[50]

Das Gegenargument, Jesus hätte in diesem Fall nicht von »diesen geringsten Geboten«, sondern von »diesen *meinen* geringsten Geboten« reden müssen, ist nicht überzeugend. Er kam nicht, um das Gesetz Gottes mit eigenen Geboten zu ersetzen. Er kam, um den im Gesetz und in den Propheten bezeugten Willen Gottes zu offenbaren, wie er für die Zeit der Erfüllung, die Zeit der Königsherrschaft Gottes, gilt.

Aber was bedeutet es, dass Jesus die anspruchsvollen Gebote der Bergpredigt gering nennt? Mit den geringen Geboten ist kein Staat zu machen. Wer die Gebote der Bergpredigt »hält und lehrt«, wird bald einmal erleben, dass er zu den Kleinen und Geringen gehört. Welcher Große hält auch die andere Wange hin (Mt 5,39)? Was anderes als ein Kleiner und Geringer wird werden, wer nicht für sein Leben sorgt (Mt 6,25)? Welcher Große verzichtet darauf zu richten (Mt 7,1)? Das Tun der »geringsten Gebote« macht gering, und deshalb liegt es nahe, dass Jünger Jesu das eine oder

---

[50] Roland Deines, *Die Gerechtigkeit der Tora im Reich des Messias. Mt 5,13–20 als Schlüsseltext der matthäischen Theologie,* Tübingen 2004, 371–412.

andere von diesen geringsten Geboten aufheben und entsprechend lehren werden. Jesus schließt sie deshalb nicht vom Himmelreich aus. Er sagt nur, wer das tut, »der wird im Himmelreich der Geringste genannt werden«.

Die Betonung liegt aber auf der zweiten Vershälfte. »Wer sie aber hält und lehrt, der wird im Himmelreich groß genannt werden.« (Mt 5,19) Dieser Satz erinnert an die Worte, die Jesus seinen Jüngern später sagen wird: »Wer so klein sein kann [sich erniedrigt] wie dieses Kind, der ist im Himmelreich der Größte.« (Mt 18,4) Das Tun der »geringsten Gebote« erniedrigt, macht einen klein und schutzlos wie ein Kind. Aber da, wo Gott regiert, »im Himmelreich«, wird der durch »diese geringsten Gebote« klein Gewordene »groß genannt werden«.

Es mag sinnvoll sein, den Ausdruck »diese geringsten Gebote« auch auf die Stelle Mt 11,25–30 zu beziehen. Nach seinem Staunen und Danken für die Offenbarung, die den »Unmündigen« zuteilwird, nennt Jesus seine Lehre ein Joch, das »nicht drückt«, und eine »leichte Last«. Die »geringsten Gebote« Jesu mögen seine Jünger klein machen. Aber sie werden sie nie erdrücken, solange die Jünger Kleine bleiben. Die »geringen Gebote« sind für »diese Kleinen«.

Zum Schluss

Hat das alles uns heute noch etwas zu sagen? Papst Johannes Paul II. scheint dieser Meinung gewesen zu sein. Bei seinem Besuch in Taizé am 5. Oktober 1986 wünschte er uns gleich zweimal, klein zu bleiben. »Es ist mein Wunsch, dass der Herr euch als einen anbrechenden Frühling, dass er euch klein, dass er euch in der evangelischen Freude und der Lauterkeit der brüderlichen Liebe bewahre. [...] In eurem Tag empfangen Arbeit, Ruhe, Gebet, empfängt alles sein Leben durch das Wort Gottes, das sich eurer bemächtigt, das euch klein hält, d. h. als Kinder des himmlischen Vaters bewahrt, als Brüder und Diener aller in der Freude der Seligpreisungen.«[51] Andere hätten unserer jungen und kleinen Gemeinschaft gewünscht, zu wachsen und groß zu werden. Er wünschte uns, dass das Wort Gottes uns als Kleine bewahrt. Dazu gehört auch, nichts zu lehren, was aus der leichten Last wieder ein drückendes Joch und eine schwere Last machen würde, die nur Große auf sich nehmen und tragen könnten.

---

[51] Frère Roger, *Die Quellen von Taizé – Gott will, dass wir glücklich sind*, Freiburg 2009 (Überarbeitete Neuausgabe), 103–104.

Die kostbare Perle

»Gott erfüllte die Menschen mit kluger Einsicht und lehrte sie, Gutes und Böses zu erkennen.« (Sir 17,7) Gott gibt das Licht der Erkenntnis und die Fähigkeit, Ja zum Guten und Nein zum Bösen zu sagen. Im unantastbaren Heiligtum des Gewissens bedeutet die Entscheidung für das Gute einen inneren Kampf gegen das Böse.

Für diejenigen, die den Ruf Christi hören, kommt etwas dazu. Jesus sagte: »Mit dem Himmelreich ist es wie mit einem Schatz, der in einem Acker vergraben war. Ein Mann entdeckte ihn, grub ihn aber wieder ein. Und in seiner Freude verkaufte er alles, was er besaß, und kaufte den Acker. Auch ist es mit dem Himmelreich wie mit einem Kaufmann, der schöne Perlen suchte. Als er eine besonders wertvolle Perle fand, verkaufte er alles, was er besaß, und kaufte sie.« (Mt 13,44–46) Wer dem lebendigen Gott begegnet, steht vor einer Wahl, die über die Entscheidung zwischen Gut und Böse hinausgeht. Der Landarbeiter, der den Schatz fand, und der Kaufmann, der die Perle entdeckte, gaben nichts Böses auf. Sie verzichteten auf Gutes, um unvergleichlich Kostbares und unendlich Schönes zu gewinnen.

Ihr Verhalten muss Beobachtern unvernünftig vorgekommen sein. Was ist in den Landarbeiter gefahren, dass er einen Allerweltsacker zum Preis seines gesamten Vermögens kauft? Den Kaufmann hat offensichtlich die Faszination der Schönheit um den Verstand gebracht. Was wird er mit seiner einzigen Perle tun? Handel treiben kann er nicht mehr, er hat ja alles verkauft. Er fiel keinem Raub zum Opfer, seine Begeisterung und Liebe für die Schönheit haben ihn ruiniert.

Wenn Gott in unser Leben kommt, kann er nicht eine gute Sache unter anderen sein. Er ist die unvergleichlich schöne Perle. Wer sich nicht in Christus verliebt, kennt ihn noch nicht. Wer nicht zulässt, dass die Liebe ihn ruiniert wie die Perle den Kaufmann, kann ihm nicht folgen.

Teresa von Ávila verspottete »die Seelen, die so wohlgeordnet sind wie ihr Leben«, die »der Verstand so vollkommen beherrscht, dass nicht einmal die Liebe sie ihm entreißen kann.«[52] Die Gott lieben, macht der Heilige Geist trunken. »Berauscht euch nicht mit Wein, schreibt der Apostel Paulus, sondern lasst euch vom Geist erfüllen.« (Eph 5,18)

Mutter Iakovi, die Äbtissin des Klosters »Der heilige Johannes, der Vorläufer« von Akritochori in Griechenland, betont, dass Mönche und Nonnen über das hinausgehen müssen, was vernünftig und logisch ist. Sie erklärt, dass man sich in zwei Richtungen von der Vernunft (auf Griechisch *logos*) wegbewegen kann: in Richtung Mangel und in Richtung Überfülle. »Man kann vom vernünftigen Weg abwärts abweichen, dann hat man etwas, das der Vernunft widerspricht, aber auch aufwärts, dann hat man etwas, das die Vernunft übersteigt.«[53] Der Mangel an Vernunft ist

---

52 Teresa von Ávila, *Die innere Burg. Die dritten Wohnungen,* Kapitel 2.

53 Mère Iakovi, *La vocation monastique dans le monde actuel,* in: *L'actualité de la vocation monastique ou religieuse. Actes du colloque international,* Taizé, 5–12 juillet 2015, Taizé 2016, 67–80 (69).

Dummheit und Wahnsinn, ihre Überfülle freudiger Trieb der Liebe.

Liebe und Freude gehen mit Verzicht einher. Im Blick auf das lebenslange Engagement der ersten Brüder schrieb Frère Roger 1948: »Was vermag, um zu Christus zu gehen, wer die Freude nicht hat? Zu dieser Freude möchte ich dich einladen, damit wir sie gemeinsam wichtiger nehmen als all das Glück, in dem wir uns selbst suchten.«[54]

Das Evangelium lädt uns ein, die Freude wichtiger zu nehmen als uns selbst, wichtiger als unseren Besitz, unsere Errungenschaften, unsere Pläne. Und sie auch wichtiger zu nehmen als unsere Argumente. In der monastischen Tradition ist oft von den uns unversehens überfallenden oder hartnäckig verfolgenden Gedanken die Rede, die uns betrüben und einflüstern, ein anderer Lebensweg wäre besser gewesen. Die Väter und Mütter des griechischen Mönchtums nennen diese Gedanken *logismoi*, »Überlegungen«.

Die Vernunft (*logos*) vermag gegen die Vernünfteleien (*logismoi*) nicht viel. »Zu jedem Argument (*logos*) gibt es ein Gegenargument, aber wer kann dem Leben widersprechen?«[55] Die Freude des Heiligen Geistes und das Feuer seiner Liebe befreien von endlosem Hin und Her.

---

[54] Frère ROGER, *À la joie je t'invite – Fragments inédits 1940–1963*, Taizé 2012, 17.

[55] Gregor PALAMAS, *Zur Verteidigung der heiligen Hesychasten*, I, 3, 13.

Judas, »einer der Zwölf«

Wozu sich mit Judas beschäftigen?

Von den zahlreichen Jüngern, die ihm folgten, bestimmte Jesus zwölf, die ihm am nächsten stehen, seinen Auftrag teilen und fortführen sollten (Mk 3,14–15). Das Neue Testament zählt sie zwar einzeln auf, aber die Zwölf bilden vor allem eine Gruppe. Von etwa der Hälfte von ihnen wissen wir nicht mehr als ihren Namen.

Zu den Aposteln, die in den Evangelien persönliche Zügen tragen, gehören Petrus und Judas. In den Passionsberichten heben sie sich deutlich von den anderen ab. Als erster der Zwölf ist Petrus der Inbegriff des Jüngers und eine Identifikationsfigur für die Glaubenden. Nicht um unsere Neugier zu befriedigen, werden Einzelheiten seiner Erfahrung in der Nachfolge Christi erzählt, sondern um an seinem Beispiel zu zeigen, wie weit die Liebe Christi geht, wie groß das Vertrauen ist, das er seinen Jüngern trotz all ihrer Fehler entgegenbringt.

Weshalb aber ist in den Evangelien so viel von Judas die Rede? Es wäre für die frühen Christen naheliegend gewesen, ihn so wenig wie möglich zu erwähnen und die Rolle zu vertuschen, die er gespielt hatte. Man nennt diesen Vorgang *damnatio memoriae*: Die für traumatische Ereignisse in einem Volk oder einer Familie Verantwortlichen werden zur Vergessenheit verdammt. Warum machen dic Evangelien mit Judas genau das Gegenteil? Mit dem, was sie von ihm berichten, wollen sie so wenig wie mit den Einzelheiten über Petrus unsere Neugier befriedigen, sondern Entscheidendes über Christus und Gott offenbaren.

Das Kreuz und Judas als Anfechtungen des Glaubens

Für die ersten Christen war Judas ein ebenso schweres Glaubenshindernis wie die Kreuzigung Jesu. Was das Kreuz betrifft, wissen wir vor allem durch Paulus, dass der Glaube an einen gekreuzigten Messias und Sohn Gottes für die Frommen der damaligen Zeit fast unmöglich war. Lästert nicht Gott, wer behauptet, der gescheiterte und am Kreuz als Verbrecher verendete Jesus sei alles gewesen, worüber Gott verfügte, um die Welt zu retten? Gäbe es dann nicht in Gott auch Schwachheit und die Möglichkeit des Scheiterns?

Was mit Judas geschah, zieht die Gottessohnschaft Jesu noch stärker in Zweifel als das Kreuz. Denn schon bald hatten die ersten Christen verstanden, dass das Kreuz keine Niederlage, sondern Gottes unübertreffliche Gabe bedeutet, eine Gabe ohne Maß und Vorbehalt. Gott selbst gibt sich hin. In diesem Licht betrachtet, spricht das Kreuz nicht gegen, sondern für Jesus. Es bekundet seine Treue und Entschlossenheit bis zum Ende. Mit Judas stehen die Dinge anders, sein Fall wirft einen Schatten und einen beunruhigenden Verdacht auf das innerste Geheimnis der Person Jesu. Täuschte er sich etwa, als er Judas erwählte? Was ist das für ein Sohn Gottes, der nicht einmal zwölf Männer fand, die ihm treu blieben?

Er bestimmte die Zwölf gewiss nicht leichtfertig. Er verbrachte die ganze Nacht im Gebet, bevor er sie auswählte (Lk 6,12). Und natürlich nahm er nicht absichtlich einen, der ihn verraten sollte. Nein, die Zwölf waren alle dazu bestimmt, an der Königsherrschaft des Davidsohns Jesus Anteil zu haben, auf zwölf Thronen zu sitzen und über die zwölf Stämme Israels zu regieren (Mt 19,28; Lk 22,30).

Judas steht für ein Scheitern Jesu, das mit seinem Scheitern am Kreuz zusammenhängt, aber in einem gewissen Sinn schwerwiegender ist. Der Hass und die Gewalt, die Jesus ans Kreuz brachten, kamen von außen. Die Sache mit Judas kommt zum Teil von Jesus selbst. Ist er nicht mitverantwortlich? Er hat ihn doch zu »einem der Zwölf« gemacht (Joh 6,71). Die ersten Christen sind dieser schmerzlichen Frage nicht ausgewichen. Sie erzählten nicht nur das, was ihren Glauben stärkte, sondern auch das, was ihn auf die Probe stellte.

Gottes Erwählung

Was mit Judas geschah, bedeutet eine »Versuchung« oder »Prüfung« sowohl im Sinn einer Anfechtung als auch im Sinn einer Festigung des Glaubens (vgl. Jak 1,2–4). Letzteren Aspekt betont das Johannesevangelium. Die Synoptiker berichten, was Judas tat; Matthäus und Lukas, stark voneinander abweichend, auch seinen Tod (Mt 27,3–5 und Apg 1,18–19). Johannes schweigt über das, was geschah, nachdem Judas in die Nacht hinausgegangen war (Joh 13,30). Der »Jünger, den Jesus liebte«, der beim letzten Mahl »an der Seite Jesu lag« (Joh 13,23), scheint von Judas nur deshalb zu berichten, weil das, was mit ihm geschah, »die Herrlichkeit der Liebe«[56] offenbart.

Als einziger der Evangelisten vermerkt er, dass Jesus schon früh in Galiläa erkannte, dass sich Judas innerlich von ihm löste und ihn verraten würde (Joh 6,70–71). Diese Bemerkung wirft die Frage auf, warum Jesus, wenn er doch wusste, was Judas tun würde, ihn bis zuletzt im Kreis der Zwölf behielt. Hätte er ihn nicht ersetzen können? Genau das taten ja später die Elf, als sie Matthias an seiner Stelle zu einem der Zwölf machten (Apg 1,15–26). Warum trennte sich Jesus nicht von ihm, wenn er doch wusste, wie es um ihn stand?

Ein Wort Jesu bringt auf eine Spur: »Habe ich nicht euch, die Zwölf, erwählt? Und einer von euch ist ein Teufel.« (Joh 6,70; vgl. Joh 13,18) Das Verb »erwählen« ist eines der großen biblischen Wörter. Gott erwählte Abraham. Gott erwählte Israel, um es zu seinem Volk zu machen. Die Erwählung konstituiert das Volk des Bundes. Sie ist eine unerschütterliche Entscheidung. Gott wird Abraham und seine Nachkommen für immer lieben. Paulus schreibt: »Unwiderrufbar sind die Gaben Gottes und die Berufung.« (Röm 11,29)

Weil Jesus die Zwölf erwählte wie Gott sein Volk, konnte er Judas nicht aufgeben, selbst als er verstand, dass er ihn verraten würde. Mit seiner Liebe bis ans Ende bezeugte er, dass Gottes Zusage unwiderrufbar ist. Propheten wie Hosea und Jeremia redeten und litten im Namen ihres Gottes, der von der Untreue seines Volkes verwundet und gedemütigt

---

[56] Yves Simoens SJ, *La gloire d'aimer, structures stylistiques et interprétatives dans le Discours de la Cène (Jn 13–17), Analecta Biblica* n° 90, Rom 1981.

es dennoch mit ewiger Liebe liebt. Jesus wollte und konnte nicht weniger tun: Vom Verrat eines seiner engsten Freunde gedemütigt, hörte er nicht auf, ihm seine Liebe zu erweisen. Als er sich vor seinen Jüngern bückte und ihre Füße wusch, machte er sich auch zum Diener von Judas. Er reichte auch ihm ein Stück des geteilten Brotes als Anteil an seinem Leben. Und wie das Johannesevangelium betont hervorhebt, nahm Judas es mit hinaus in seine Nacht, als wäre es ein Brocken brennender Liebe (Joh 13,21–30).

Weil Jesus seinem Vater treu war – dem Gott, der Abraham und Israel erwählte, dem Gott der Propheten –, liebte er Judas noch, als dieser in die Macht der Finsternis geraten war. Aber »das Licht scheint in der Finsternis, und die Finsternis hat es nicht überwältigt« (Joh 1,5). Die Herrlichkeit Gottes leuchtete auf, und Jesus wurde »verherrlicht« (Joh 13,31), als er Judas umsonst und ohne Maß bis zuletzt liebte. Seine Lebenshingabe am Kreuz ist die endgültige Offenbarung der Liebe des Vaters und des Sohnes. Doch für den Lieblingsjünger Jesu strahlte ihre gemeinsame Herrlichkeit schon im letzten Liebesdienst auf, den Jesus Judas erweist. Mitten in die undurchdringliche Finsternis von Bitterkeit und Hass brachte er die Liebe. Das Johannesevangelium erzählt von Judas auf eine Weise, die klarmacht, dass keine Nacht mehr ohne Christus ist.

Die heiligen Schriften

Die Liebe Christi zu zeigen ist den Evangelien wichtiger, als die Beweggründe von Judas zu analysieren. Fragen drängen sich trotzdem auf. Handelte Judas aus Enttäuschung darüber, dass der Messias Jesus keine politische Befreiung plante? Meinte er, dem Weg Jesu im Interesse Israels ein Ende machen zu müssen, weil seine Lehre von der Feindesliebe den Widerstand gegen die römische Besatzung nur schwächen konnte? Wollte er die Kreuzigung Jesu beschleunigen in der Hoffnung, dass Jesus als auferstandener Messias das Heil bringen würde? Während man früher gern seine Geldliebe als Beweggrund nannte, ist heute auch zu lesen, er habe Jesus geliebt und ihm helfen wollen, sein Leben hinzugeben ...

Es gibt in den Evangelien zwei tiefsinnige Hinweise auf den Hintergrund seines Handelns. Der eine ist die Erwähnung des Teufels: Er war es, der »Judas ins Herz gegeben hatte, Jesus auszuliefern« (Joh 13,2). Diese Bemerkung erklärt seine Tat aber nicht, sondern macht sie nur noch rätselhafter. Der Teufel ist der Verleumder, wie es das Beispiel Hiobs zeigt, dessen Unbescholtenheit er ohne Grund verdächtigte und den er in grausames Leiden stürzte. Der Teufel steht für die grundlosen Vorwürfe gegen Jesus und den schleichenden Groll, die im Herzen von Judas Wurzeln geschlagen hatten und ihn der Macht des Verleumders auslieferten.

Der andere Hinweis ist der Verweis auf die Heilige Schrift. Jesus sagt, Judas handle, »damit die Schrift erfüllt wird: Der mein Brot isst, hat seine Ferse gegen mich erhoben.« (Ps 41,10 zitiert in Joh 13,18) Was bedeutet es, dass Ereignisse in den heiligen Schriften vorausgesagt sind? Das Alte Testament ist kein Drehbuch, das die Rollen im Voraus bestimmt und vorschreibt, wer was zu tun hat. Wer die Bibel liest, macht im Gegenteil die Erfahrung, dass sie vor Entscheidungen stellt. Jesus meint mit dem zitierten Psalmvers nicht, dass Judas nicht anders habe handeln können, sondern dass in dem, was geschah, Gott nicht abwesend war.

Im menschlichen Drama des Verrats handelt gleichzeitig und trotz allem auch Gott. Denn wenn das, was Judas tut, die Schrift erfüllt, geschieht auf verborgene Weise tatsächlich auch Gottes Plan. Sein Wort vollbringt, was er will (Jes 55,10–11). Der Verweis auf die Heilige Schrift ermöglicht Glauben auch in der Nacht, auch wenn das Unbegreifliche geschieht. Mit dem Psalmzitat und mit seinen eigenen Worten weckt Jesus den Glauben: »Ich sage es euch von jetzt an, ehe es geschieht, damit ihr, wenn es geschieht, glaubt, dass ich es bin.« (Joh 13,19)

Der Groll und Hass von Judas bleiben unbegreiflich, aber mehr noch übersteigt die Liebe Jesu »bis ans Ende« (Joh 13,1) alles Verstehen. Die Evangelien lassen sich nur zurückhaltend auf die Beweggründe von Judas ein, weil sie nicht Neugier befriedigen, sondern zum Glauben führen wollen. Sie enthüllen nicht die dunklen Abgründe des Dramas, sondern offenbaren die unergründliche Tiefe der Liebe Gottes.

Wir wünschten uns vielleicht mehr Antworten. Was wir im Neuen Testament lesen, ist aber klar genug. Jesus ist nicht in eine ideale Welt gekommen, wie wir sie uns manchmal erträumen, sondern hat die Liebe Gottes in unsere Wirklichkeit gebracht, so wie sie ist.

Aus Freude verzeihen

Einer der schönsten Texte über das Osterfest ist ein ostkirchlicher Hymnus der Osterzeit. »Dies ist der Tag der Auferstehung: Lasst uns licht werden an diesem Fest und einander umarmen. Lasst uns auch diejenigen Brüder und Schwestern nennen, die uns hassen. Lasst uns alles um der Auferstehung willen vergeben und rufen: Christus ist auferstanden von den Toten, durch den Tod hat er den Tod zertreten und denen, die in den Gräbern sind, das Leben geschenkt.«

Die festliche Freude ist Quelle der Vergebung: »Lasst uns um der Auferstehung willen vergeben.« Es verhält sich zwar, und vielleicht sogar in erster Linie, auch umgekehrt: Die Vergebung erneuert die Freude (Ps 51), das dem verlorenen Sohn gewährte Verzeihen wird zum Fest (Lk 15). Aber die Freude ist nicht nur eine Folge, sondern auch eine Quelle der Vergebung. Sie macht das Herz hell und weit – »lasst uns licht werden an diesem Fest«. Sie macht fähig, »auch diejenigen Brüder und Schwestern zu nennen, die uns hassen«.

In der westkirchlichen Tradition, die den schweren Ernst der Vergebung betont, ist es nicht üblich, die Quelle des Verzeihens in der Freude zu suchen. Christus vergab am Kreuz, er starb für unsere Sünden. Gehört die Vergebung nicht in die Gemeinschaft mit seinen Leiden? Ist es nicht der Gekreuzigte, der uns dazu bewegt, um Vergebung zu bitten und zu vergeben, wie schwer es uns auch fallen und wie viel es uns auch kosten mag? Ohne die zentrale Bedeutung des Kreuzes in Frage zu stellen, lohnt es sich, in der Bibel der Spur des Verzeihens aus Freude zu folgen.

Ist Christus nicht auferstanden, seid ihr noch in euren Sünden

Paulus schreibt an die Christen in Korinth: »Ich hatte mich entschlossen, bei euch nichts zu wissen außer Jesus Christus, und zwar als den Gekreuzigten.« (1 Kor 2,2) Für ihn steht fest, dass das Kreuz der Ursprung der Vergebung ist: »Christus ist für unsere Sünden gestorben gemäß den Schriften.« (1 Kor 15,3) Doch ein paar Verse weiter fügt er hinzu: »Wenn Christus nicht auferweckt worden ist, dann ist euer Glaube nichtig, dann seid ihr noch in euren Sünden.« (1 Kor 15,17) Er betont das Kreuz, denkt aber an Christus nie anders als an den Auferstandenen. Er ist für unsere Sünden gestorben, aber die Vergebung fließt aus seiner Auferstehung. Wäre er im Tod geblieben, hätte die mörderische Sünde das letzte Wort gehabt. Aber Gott hat das letzte Wort. Durch die Auferweckung Jesu hat Gott die Sünde und den Tod entmachtet. »Tod, wo ist dein Sieg? Tod, wo ist dein Stachel? Der Stachel des Todes ist die Sünde.« (1 Kor 15,55–56)

Die Auferstehung hat der Sünde die Macht genommen, zu schaden und zu töten. Gott hat sie mitsamt ihren Folgen dadurch besiegt, dass er Jesus von den Toten auferweckt hat. Er hat den Stachel des Todes nicht nur gebrochen, sondern sein mörderisches Werk auch rückgängig gemacht. Die Sünde hat Christus getötet, Gott hat ihn wieder lebendig gemacht. Deshalb ist die Auferstehung Quelle der Vergebung. Warum sich noch mit Sünden abgeben, wenn doch Christus Sünde und Tod vernichtet hat?

Inmitten der Gemeinde will ich dich loben

Nach dem Matthäus- und dem Markusevangelium schrie Jesus am Kreuz den ersten Vers von Psalm 22: »Mein Gott, mein Gott, warum hast du mich verlassen?« (Mt 27,46 und Mk 15,34) Nach dem Hebräerbrief betet er als der Auferstandene auch seine Fortsetzung: »Ich will deinen Namen meinen Geschwistern verkünden, inmitten der Gemeinde dich loben.« (Ps 22,23 zitiert in Hebr 2,12) Der erste Teil des Psalms ist die Klage eines verlassenen und verspotteten Gerechten, dem die Mitmenschen zu Ungeheuern geworden sind. Sie umzingeln ihn wie bedrohliche Büffel, Löwen und Hunde. Er schreit in seiner Not: »Rette mich!« Gott erhört ihn: »Du antwortest mir.« (V. 22) Und seine Klage wird zum Lobgesang: »Inmitten der Gemeinde will ich dich loben.«

Dass der Psalmist auch diejenigen, die ihn verlassen und verspottet haben, seine Geschwister nennt, legt der Vers nahe: »Von dir kommt mein Lob in *großer* Gemeinde.« (V. 26) Voll Freude über seine Rettung setzt er seiner Einladung zum Fest keine Grenzen. »Die Armen sollen essen und sich sättigen.« (V. 27) »Alle Enden der Erde« und »alle Stämme der Völker« sollen mitfeiern (V. 28). Zur großen Gemeinde gehören auch die, die ihm in seiner Not nicht zu Hilfe kamen, vielleicht sogar die, die ihn verfolgten.

Jesus hätte Grund, die Jünger, die ihn verlassen haben, zu tadeln oder sich von ihnen loszusagen. Aber »er schämt sich nicht, sie Brüder zu nennen und zu sagen: Ich werde deinen

Namen meinen Brüdern verkünden.« (Hebr 2,11–12) Er nennt auch die, die ihn verleugnet haben, seine Geschwister. Von der Freude der Auferstehung erfüllt, trägt er ihnen nichts nach. Ein Detail im Matthäusevangelium bestätigt dies. Während der Engel zu den Frauen am Grab sagt: »Macht euch schnell auf den Weg und sagt seinen *Jüngern* …« (Mt 28,7), sagt Jesus: »Geht und sagt meinen *Brüdern* …« (Mt 28,10) Er nennt sie Brüder, er »vergibt alles um der Auferstehung willen«. Er verklagt auch die Machthaber nicht, die ihn verurteilt haben. Er erscheint weder den Hohepriestern noch Pilatus, um sie zur Rechenschaft zu ziehen. Auferstehung ist nicht Rache.

Seit Pfingsten geben seine Zeugen die Einladung zum Fest weiter. Petrus sagte unumwunden: »Ihr habt Jesus gekreuzigt.« Seinen Zuhörern »ging's durchs Herz«, und sie fragten sich, was für eine Strafe sie treffen würde. Petrus versicherte sie der Vergebung und der Gabe des Heiligen Geistes (Apg 2,36–38). Er legte dem auferstandenen Jesus die Psalmworte auf die Lippen: »Mein Herz freut sich und meine Zunge jubelt.« (Ps 16,9 zitiert in Apg 2,26) In der Kraft des Heiligen Geist singt Christus inmitten der »großen Gemeinde« – in der Kirche, in der ganzen Menschheit, und seine Freude fließt über als Vergebung.

Freut euch, lasst alle Menschen eure Freundlichkeit spüren

Aus dem Gefängnis schreibt Paulus an die Philipper: »Freut euch im Herrn allezeit! Nochmals will ich es sagen: Freut euch!« (Phil 4,4) »Der Herr« ist der auferstandene Christus, seine Freude soll in der Gemeinde von Philippi den Ton angeben. Die vorhergehenden Verse erwähnen einen Konflikt zwischen zwei Mitarbeiterinnen des Apostels, Euodia und Syntyche. Sie bedeuten ihm viel. Er bittet einen Freund, sich ihrer anzunehmen, damit sie zur Eintracht zurückfinden. Und er ruft zur Freude auf, die Konflikte heilen kann.

»Freut euch! Lasst alle Menschen eure Freundlichkeit spüren. Der Herr ist nahe.« (Phil 4,5) Die Freude macht freundlich, bereit und fähig zu vergeben. Der volle Bedeutungsumfang von *to epieikès,* meist mit »Freundlichkeit« oder »Güte« übersetzt, ist nicht leicht wiederzugeben. *Epieíkeia* steht im Gegensatz zu *akríbeia*: Paulus lädt ein, nicht akribisch und kleinlich, sondern nachsichtig und maßvoll zu urteilen, mit Wohlwollen und Güte. Frustration und Traurigkeit können streng und unerbittlich machen. Wenn Christus in unseren Herzen singt und ein Fest feiert, werden wir fähig, erlittenes Unrecht nachzusehen. Seine Freude wird in uns zur Quelle der Vergebung.

Feiern mussten wir und uns freuen

Im Gleichnis wird der verlorene Sohn zum Fest geladen. »Er war noch weit weg, da sah ihn sein Vater schon und fühlte Mitleid, und er eilte ihm entgegen, fiel ihm um den Hals und küsste ihn.« (Lk 15,20) Er vergab, bevor sein Sohn überhaupt um Vergebung bitten konnte. Er handelte nicht leichtfertig, »es jammerte ihn« (Lutherbibel), aber das unermessliche Glück der Heimkehr seines Sohnes machte das Verzeihen selbstverständlich. »Wir wollen essen und fröhlich sein! Denn dieser mein Sohn war tot und ist wieder lebendig geworden, er war verloren und ist gefunden wor den.« (Lk 15,23–24) Schmerz, herzliche Zuneigung und Festfreude gehen ineinander über.

Das Beispiel des älteren Sohnes zeigt, wie schwierig es ohne Freude ist zu verzeihen. Er stößt sich an der Ungerechtigkeit der Vergebung. Isaak der Syrer, ein Mystiker des siebten Jahrhunderts, schrieb: »Wie kann man Gott gerecht nennen, wenn man das Gleichnis vom verlorenen Sohn liest?«[57] Wie kann es sein, dass er mit Musik und Tanz gefeiert wird, wo er doch die Hälfte des Familienvermögens verprasst hat, während sein Bruder hart arbeitete?

Der Vater bittet seinen älteren Sohn in den Festsaal. Er fleht ihn an und will ihn überzeugen: »Feiern mussten wir und uns freuen, denn dieser dein Bruder war tot und ist lebendig geworden, war verloren und ist gefunden worden.« (Lk 15,32) Gerade das Fest, das er fehl am Platz findet, könnte ihm helfen zu vergeben. Der Vater muss geahnt haben, wie schwierig die Versöhnung der beiden Brüder sein würde. Vielleicht, dachte er, hilft ein Fest: Essen und Trinken, Singen und Tanzen könnten den Widerstand seines Sohnes überwinden und sein Herz erweichen …

Freude als Askese

Das Gleichnis zeigt, wie anspruchsvoll die Freude sein kann. Manchmal ist sie ein Art Askese und fordert Überwindung. Die Freude, die verzeiht, setzt Selbstvergessenheit voraus. »Wer sein Leben retten will, wird es verlieren; wer aber sein

---

[57] Olivier Clément, *Sources. Les mystiques chrétiens des origines. Textes et commentaires*, Paris 1992, 274.

Leben um meinetwillen verliert, wird es retten.« (Lk 9,24) Für »Leben« steht im griechischen Text *psychè*: Es geht darum, um Jesu willen seine »Seele« zu verlieren, das heißt frei zu werden von sich selbst.

Nicht zu Unrecht kritisierte Friedrich Nietzsche das *Ressentiment*, welches das historische Christentum teilweise vergiftet hat. Jesus hat seine Jünger die anspruchsvolle Freude gelehrt, die mit Groll und Missgunst unvereinbar ist und frei und großmütig macht. Von ihr schreibt Johannes XXIII. in seinem *Geistlichen Tagebuch*: »Ich muss also ständig und unveränderlich fröhlich sein und darf keinen Moment aufhören, mich selbst zu überwinden. Die Eigenliebe lähmt die Entwicklung des Geistes und macht uns traurig. Die Selbstüberwindung führt zum Leben, zur Heiterkeit, zur Freude.«[58] Es ist alles andere als selbstverständlich, »ständig und unveränderlich fröhlich zu sein«. Dieser anspruchsvolle Vorsatz tönt wie eine Antwort auf Nietzsches Kritik des Ressentiments. Heiterkeit macht frei zu vergeben, während Ichbezogenheit lähmt und nachtragend macht.

Vor einigen Jahren lebte ein junger Mann aus dem Tschad als Freiwilliger in Taizé. Seit seinem siebten Lebensjahr war er Halbwaise, sein Vater fiel dem Regime im Land zum Opfer. Er erzählte: »Ich wohnte bei meinem Onkel väterlicherseits, weit weg von meiner Mutter. Nach dem Tod meines Vaters durchlebte ich schwere Zeiten. Ich wollte die Liebe meiner Eltern wiederfinden, die mir seit meiner Kindheit fehlte. So bemühte ich mich, der Freude als der tragen-

[58] Johannes XXIII., *Geistliches Tagebuch und andere geistliche Schriften*, Leipzig 1965, 174 (Eintrag während der Exerzitien vom 9.–18. Dezember 1903 zur Vorbereitung auf die Diakonatsweihe).

den Kraft im Leiden Ausdruck zu geben. Ich versuchte, mit meinen Freunden immer glücklich und freundlich zu sein. Ich sagte mir: ›Ich möchte nicht allein sein. Die Freude ist es, die mir zu Freunden verhilft und Liebe gibt. Sie gibt mir auch die Kraft, die Vergangenheit zu vergessen.‹ Ich entdeckte den Wert der Freude in Konfliktsituationen. Sie bringt uns von unseren Fehlern ab und hilft uns, unüberlegte Taten der Vergangenheit zu vergessen.«

Geht das Fest auf die Kosten der Opfer?

Es bleibt eine Unschlüssigkeit. Übersieht nicht, wer aus Freude verzeihen will, den Ernst der Vergebung? Feste feiern lässt Unrecht vergessen. Aber gibt es nicht auch eine Erinnerungspflicht? Ist es angebracht, »um der Auferstehung willen alles zu vergeben«?

Nietzsche stellte dem Gekreuzigten Dionysos entgegen. »Dionysos gegen den ›Gekreuzigten‹: da habt ihr den Gegensatz. Es ist *nicht* eine Differenz hinsichtlich des Martyriums – nur hat dasselbe einen anderen Sinn.«[59] Dionysos leidet ebenso furchtbar wie Jesus. Aber: »Das Leben selbst, seine ewige Fruchtbarkeit und Wiederkehr bedingt die Qual, die Zerstörung, den Willen zur Vernichtung.«[60] Der Rausch des Lebens rechtfertigt Opfer und Vernichtung. Das Leiden Jesu hingegen schreit wie das Blut Abels zum Himmel.

---

59 Friedrich Nietzsche, *Aus dem Nachlass der Achtzigerjahre*. Werke in sechs Bänden. Sechster Band. Hg. von Karl Schlechta. München-Wien 1980, 773.

60 Ibid.

Auch das Osterfest bezeugt die »ewige Fruchtbarkeit« des Lebens, für die sich Nietzsche starkmacht. Aber Ostern stellt das Kreuz nicht in den Schatten, sondern rückt es in ein neues, unerwartetes Licht. Wenn wir am Auferstehungsfest die Überfülle des Lebens feiern, rechtfertigen wir kein unschuldiges Leiden, wir rechtfertigen das Leiden Jesu nicht, sondern erinnern und gedenken an das Unrecht, das ihm geschah. Und wir erkennen in seinem Sterben auch seine Liebe, den verborgenen Ursprung der Festfreude.

Nietzsche lehnte es ab, auf der Unschuld der Leidenden zu bestehen. Denn in diesem Fall »gilt das Leiden, der ›Gekreuzigte als der Unschuldige‹, als Einwand gegen dieses Leben, als Formel seiner Verurteilung.«[61] Nietzsche will den Rausch des Lebens auch um den Preis der Qual und Zerstörung seiner Opfer, ob sie schuldig sind oder nicht. Wenn aber der Gekreuzigte schuldlos starb, hält er die Frage nach dem Warum des unschuldigen Leidens bis ans Ende der Zeiten offen.

Christus ist nicht gekommen, um das Fest abzuschaffen, im Gegenteil. Aber was das dionysische Fest ausschließt – das Gedenken an die Opfer, das Erbarmen mit den Feinden –, schließt das christliche Fest der Auferstehung ein: »Lasst uns auch diejenigen Brüder und Schwestern nennen, die uns hassen.«

Die Freude, die die Traurigkeit nicht leugnet, sondern hinter sich lässt, die Freude als überwundene Trauer, wird zur Quelle der Vergebung. Von ihr sagte Jesus: »Eure Trauer wird sich in Freude verwandeln. [...] Jetzt seid ihr traurig; aber ich werde euch wiedersehen, und euer Herz wird sich

[61] Ibid.

freuen, und eure Freude nimmt euch niemand.« (Joh 16,20–22) Der orthodoxe Priester und Theologe Alexander Schmemann notierte in seinem Tagebuch: »Das Christentum ist als *Freude* in die Welt gekommen: nicht nur die Freude am Heil, sondern das Heil als Freude [...] Gott hat die Welt durch die Freude gerettet.«[62]

---

[62] Alexandre SCHMEMANN, *Journal (1973–1983)*, Paris 2009, 418.

Das Wort vom Kreuz

Die paulinische Formel »das Wort vom Kreuz« (1 Kor 1,18) hat die Geschichte des christlichen Denkens tief geprägt. *Ho logos ho tou staurou*, wie Paulus auf Griechisch schreibt, ist der Ausgangspunkt der *theologia crucis*. Kreuzestheologie betont mit Martin Luther die radikale Unfähigkeit des Menschen, Gott zu erkennen, und seine ebenso radikale Erlösungsbedürftigkeit, aber auch die unerschütterliche Heilsgewissheit aufgrund der Offenbarung der unendlichen Liebe Gottes am Kreuz.

Ohne diese theologische Linie zu ignorieren, soll es im Folgenden darum gehen, »das Wort vom Kreuz« in seinem ursprünglichen Kontext zu bedenken. Da Paulus den Ausdruck im Zusammenhang mit Konflikten in der Gemeinde von Korinth prägte, muss er das gemeinsame Leben der Glaubenden betreffen. »Das Wort vom Kreuz« deckt die Sünde der Zerstrittenheit auf und offenbart das Mittel, das sie heilen kann.

Die Gemeinschaft Jesu Christi

»Ihr seid durch Christus in allen Stücken reich gemacht, in allem Wort und in aller Erkenntnis [...], so dass ihr keinen Mangel habt an irgendeiner Gabe.« (1 Kor 1,5–7) Der Apostel lobt die korinthischen Christen in hohen Tönen. Bei wiederholtem Lesen ist aber eine leise Ironie nicht zu überhören: »Ja, ihr habt keinen Mangel an irgendeiner Gabe, aber auch keinen Mangel an Problemen!«

Bevor Paulus diese angeht, bekräftigt er die Zusage und Verheißung: »Gott ist treu, durch den ihr berufen seid zur Gemeinschaft seines Sohnes Jesus Christus, unseres Herrn.« (1 Kor 1,9) Manchmal übersetzt man: »die Gemeinschaft *mit* Jesus Christus«. Aber Paulus denkt hier weniger an die Gemeinschaft jedes einzelnen mit Christus als an die Gemeinschaft aller in ihm. Denn er fährt fort: »Ich ermahne euch, Brüder und Schwestern, im Namen unseres Herrn Jesus Christus, dass ihr alle mit einer Stimme redet; und lasst keine Spaltungen unter euch sein, sondern haltet aneinander fest in einem Sinn und in einer Meinung.« (1 Kor 1,10)

Dann erwähnt er den Streit und die Parteiungen, von denen er erfahren hat, und stellt die Frage: »Wie? Ist Christus etwa zerteilt?« (1 Kor 1,13) Die »Gemeinschaft Jesu Christi«, zu welcher, oder wörtlich: *in* welche die Christen berufen sind, ist die Gemeinde. Für Paulus ist sie so sehr eins mit Christus, dass ihre Spaltungen Christus zerteilen.[63]

---

[63] »Christ und die Gemeinde werden von Paulus mehrfach identifiziert (1. Kor. 12,12; 6,15; 1,13). [...] Die Kirche ist Gegenwart Christi wie Christus Gegenwart Gottes ist. Das Neue Testament kennt eine Offenbarungsform ›Christus als Gemeinde existierend‹.« Dietrich

Zwischenbemerkung zu den Spaltungen

Zu den Parteiungen schreibt Paulus: »Ich meine aber dies, dass unter euch der eine sagt: Ich gehöre zu Paulus, der andere: Ich zu Apollos, der Dritte: Ich zu Kephas, der Vierte: Ich zu Christus.« (1 Kor 1,12) Die Spaltungen hängen mit den Etappen in der Gründung und Entwicklung der Gemeinde zusammen. Zuerst kam Paulus nach Korinth, kurz darauf Apollos, und dann Christen, die sich auf Petrus – Kephas ist sein aramäischer Name – beriefen.

Paulus, Apollos und Petrus müssen sich im Wesentlichen einig gewesen sein, sonst hätten ihre Parteigänger nicht zu ein und derselben Gemeinde, einer Hauskirche mit vielleicht fünfzig Mitgliedern, gehören können. Die Situation in Korinth ist also nicht direkt mit der heutigen kirchlichen Lage vergleichbar. Es ging um Konflikte und Rivalitäten zwischen Christen, die gemeinsam beteten und zusammen aßen, während heutzutage die getrennten Konfessionen oft friedlich geschieden nebeneinanderher leben.

Neben den drei Parteien, die sich je auf einen Apostel beriefen, gab es eine vierte Gruppe mit der Parole: »Ich gehöre zu Christus.« Man kann erwägen, ob dies die Glosse eines Kopisten ist, der sich angesichts der Spaltungen einfach an Christus halten will. Er würde damit die Lösung vorwegnehmen, die Paulus im dritten Kapitel aufzeigt: »Alles ist euer, ihr aber Christi, Christus aber ist Gottes.« (1 Kor 3,22–23) Möglich wäre auch eine zugegebenermaßen recht subtile Interpretation: Sogar das Bestehen auf die Zugehörig-

---

Bonhoeffer, *Sanctorum Communio. Eine dogmatische Untersuchung zur Soziologie der Kirche*, München 1954, 91–92.

keit zu Christus kann zum Grund und zur Rechtfertigung von Spaltungen werden. Wer sagt: »Ich gehöre zu Christus«, um sich von anderen abzugrenzen, die angeblich noch so unreif sind, dass sie sich an Apostel anlehnen müssen, trägt ebenso zu Spaltungen bei.

Die Parteiungen und das Kreuz

Angesichts der Zerstrittenheit hätte Paulus die Korinther ermahnen können, auf Selbst- und Streitsucht zu verzichten, großzügig zu sein und Sinn für das gemeinsame Ziel zu zeigen. Er hätte damit ungefähr das gesagt, was man in einer Vereins- oder Parteiversammlung hören kann.

Er hält sich aber nicht mit Tugenden wie Verträglichkeit und Toleranz auf. Für ihn liegt das Problem – und damit seine Lösung – viel tiefer: Mit den Spaltungen steht das Evangelium auf dem Spiel. Deshalb kommt er unmittelbar auf seine Kernbotschaft zu sprechen. Auf die unmögliche Frage: »Wie? Ist Christus etwa zerteilt?« folgt sofort die erste Erwähnung des Kreuzes Jesu: »Wurde denn Paulus für euch gekreuzigt?« (1 Kor 1,13) Christus kann nicht geteilt sein, aber er wurde gekreuzigt, und sein Kreuz versöhnt die Menschen in einen Leib.

Paulus verkündet das Evangelium »nicht mit weiser Rede, auf dass nicht das Kreuz Christi zunichtewerde« (1 Kor 1,17). Weshalb besteht er darauf, das Evangelium – »das Wort vom Kreuz« – so klar und eindeutig von »weiser Rede« zu unterscheiden? Er will die Zweideutigkeit des Reichtums »in allem Wort und in aller Erkenntnis« aufzeigen. Weisheit und Erkenntnis reichen nicht aus, um in die »Gemeinschaft Jesu

Christi« zu führen. Sie können im Gegenteil die Spaltungen sogar schüren.[64] Wenn stolze Anlehnung an einen Apostel oder Lehrer das Kreuz Christi durch »weise Rede« ersetzt, wird es »zunichte« oder »leer« gemacht (1 Kor 1,17).

Das Kreuz ist keine Lehre, sondern »Ärgernis« und »Torheit« (1 Kor 1,23), Begrenzung menschlicher Weisheit. Es macht nicht nur den Lastern wie Neid, übler Nachrede und Verachtung ein Ende, sondern stellt auch die Tugenden in den Schatten. Es stellt radikal alles in Frage, dessen sich Menschen rühmen können. Es ist »Gottes Kraft und Gottes Weisheit« (1 Kor 1,24), Gottes Wirken, das eine neue, noch nie dagewesene, unvergleichlich tiefe Gemeinschaft schafft. Mit dem Kreuz macht Gott der auf Wissen und Macht basierenden Dynamik der Spaltungen ein Ende. Er macht »die Weisen zuschanden; [...] was schwach ist vor der Welt, das hat Gott erwählt, damit er zuschanden mache, was stark ist [...], was nichts ist, damit er zunichtemache, was etwas ist« (1 Kor 1,27–28). Wenn alle nichts sind, kann Christus alles werden.

---

[64] »Indem Paulus die Spaltung der Christen mit Wissen und Macht verknüpft, zeigt er die zerstörerische Dynamik der Spaltung. Wenn Christen untereinander gespalten sind, muss sich jede Gruppe von den anderen unterscheiden, indem sie auf ihre eigenen besonderen ›Kräfte‹ und ›Einsichten‹ Anspruch erhebt. Genau auf diese Weise werden Christen dazu veranlasst, etwas anderes zu kennen als ›Jesus Christus, und zwar als den Gekreuzigten‹ (1 Kor 2,2).« *In einem einzigen Leib durch das Kreuz. Das »Princeton Proposal« für die Einheit der Christen. Ein Aufruf an die Kirchen von einer ökumenischen Studiengruppe*, Catholica (M) 61 (2007), 169–192 (179).

Der schwache Kreuzestheologe Paulus

Aus dem Zusammenhang der Spaltungen mit menschlicher Macht und Weisheit ergibt sich, dass auch Paulus schwach sein muss, um nicht selbst der zerstörerischen Dynamik der Trennung zu verfallen. Das Thema der Schwachheit des Apostels zieht sich denn auch wie ein roter Faden durch die Kapitel 2–4. Paulus erinnert die Korinther daran, wie er bei ihnen ankam: »Ich war bei euch in Schwachheit und in Furcht und mit großem Zittern.« (1 Kor 2,3) Und auch jetzt, wo er ihnen brieflich begegnet, verfügt er über keine Lösungen, die er mit Klugheit, Wissen oder Macht durchsetzen könnte.

Der Inhalt des Wortes vom Kreuz bestimmt seine Form. Mit ihm ist kein Staat zu machen. Es darf nicht zu einer genialen Einsicht verkommen. Eine sublime Kreuzestheologie, die sich durch weise Rede über andere erhebt, verletzt die Gemeinschaft genauso wie irgendein Parteigeist.

Die *theologia crucis* verbietet es dem Kreuzestheologen, »etwas zu sein« (vgl. 1 Kor 1,28). Im dritten Kapitel schreibt Paulus: »Was ist nun Apollos? Was ist Paulus? [...] So ist nun weder der etwas, der pflanzt, noch der begießt, sondern Gott, der das Gedeihen gibt.« (1 Kor 3,5 und 7) Im vierten Kapitel treibt er den Gedanken auf die Spitze: »Wir sind geworden wie der Abschaum der Menschheit, jedermanns Kehricht, bis heute.« (1 Kor 4,13) Adolf Schlatter kommentiert: »darauf, dass er selbst nichts ist, beruht seine ganze Macht und Autorität«.[65]

---

[65] Adolf SCHLATTER, *Paulus, der Bote Jesu*, Stuttgart 1934, 70.

Die Gemeinde der Geringen

So wie das Wort vom Kreuz die Schwachheit dessen voraussetzt, der es verkündet, bedingt das Kreuz auch eine Schwachheit der Gemeinde. »Seht doch, Brüder und Schwestern, auf eure Berufung. Nicht viele Weise nach dem Fleisch, nicht viele Mächtige, nicht viele Vornehme sind berufen. Sondern [...] was gering ist vor der Welt und was verachtet ist, das hat Gott erwählt.« (1 Kor 1,26–28)

Paulus macht eine soziologische Bestandsaufnahme. Es gibt unter den korinthischen Christen nur wenige, die Grund hätten, sich ihrer Vorzüge zu rühmen. Auch gemeinsam haben sie keinen Grund, stolz zu sein. Sie sind aufs Ganze gesehen eine Gemeinde der Geringen. Aber gerade darin erkennt der Apostel ein Zeichen von Gottes Wirken, den Beweis, dass die Gemeinde ihre Existenz nicht menschlicher Weisheit und Kraft verdankt, sondern der unvergleichlichen und paradoxen Weisheit und Kraft Gottes.

Es geht um mehr als um eine »Umwertung aller Werte«, wie sie Friedrich Nietzsche Juden und Christen vorgeworfen hat. Torheit und Schwachheit sind keine Vorzüge. Wenn Schwache mit Starken oder Tore mit Weisen Platz tauschen, wird damit die Dynamik der Spaltung noch nicht unterbrochen. Die Geringen haben keinen Vorzug außer dem einen, dass ihr Geringsein Platz lässt für Gott. So ließ Johannes der Täufer Christus Platz. Seine Antworten auf die Frage, wer er denn sei, fielen immer knapper aus: »Ich bin nicht der Christus«, »ich bin's nicht«, »nein« (Joh 1,19–21). Er war groß durch das, was er nicht war. Christus bestimmte seine Identität.

In der mystischen Tradition fängt Gott an, wo der Mensch aufhört. Das mystische »Nichtssein« (1 Kor 1,28) bezieht Paulus aber weniger auf die individuelle Erfahrung als auf das Leben der Gemeinde. In ihrer Unzulänglichkeit ist sie auf das Wirken Gottes angewiesen, der ihre Glieder zu einem Leib vereint.

Es geschieht etwas

»Das Wort vom Kreuz ist eine Torheit denen, die verloren werden; uns aber, die wir selig werden, ist es Gottes Kraft.« (1 Kor 1,18) Das Kreuz bedeutet Aufhören und Stillstand, aber seine Botschaft ist eine Kraft (*dynamis*) und macht, dass etwas geschieht. Deshalb hält sich Paulus nicht schüchtern zurück. Er kennt »Christus als Gottes Kraft und Gottes Weisheit« (1 Kor 1,24).

Er gibt seine Schwachheit gern zu und rühmt sich ihrer sogar. Aber er stellt ebenso heraus, dass »das Wort vom Kreuz«, das er predigt, etwas bewirkt. »Mein Wort und meine Predigt geschahen nicht mit überredenden Worten der Weisheit, sondern im Erweis des Geistes und der Kraft.« (1 Kor 2,4) Hier kommt zum ersten Mal das Wort »Geist« vor, das auf die Dynamik des Evangeliums verweist. Sie lässt sich nicht in weise Worte einfangen. Die Kraft des Evangeliums ist niemals verfügbar, sondern immer neu geschenkt.

Mit dem Zunichtemachen oder Entleeren des Kreuzes (1 Kor 1,17) meint Paulus nicht die Negierung des Todes Jesu, sondern sein Unwirksam-Werden. Das Kreuz wird entleert, wenn zwar viel geredet wird, aber nichts geschieht. Das »Wort vom Kreuz« macht im Gegenteil die leeren Worte zunichte. »Das Reich Gottes steht nicht in Worten, sondern in Kraft« (1 Kor 4,20). Das Reich Gottes geschieht, und die »Gemeinschaft Jesu Christi« wird Wirklichkeit.

Der erste Korintherbrief kommt zu seinem Höhepunkt im Kapitel 15 über die Auferstehung. Hier nennt sich Paulus eine »unzeitige Geburt [...], den geringsten unter den Aposteln« (1 Kor 15,8–9). Aber seine Schwachheit bedeutet auch hier keine schüchterne Zurückhaltung: »Ich habe viel mehr gearbeitet als sie alle; nicht aber ich, sondern Gottes Gnade, die mit mir ist.« (1 Kor 15,10) Sein frohes Selbstbewusstsein kommt vom endgültigen Erweis der Kraft Gottes in der Auferstehung. »Ist Christus nicht auferstanden, so ist euer Glaube nichtig, so seid ihr noch in euren Sünden.« (1 Kor 15,17) Aber Christus ist auferstanden. Der Gekreuzigte wurde »Gottes Kraft und Gottes Weisheit« (1 Kor 1,24).

Das psychologische Geschick des Apostels

Wie schon erwähnt, beginnt Paulus seinen Brief mit Lob und Anerkennung: »Ihr seid in allen Stücken reich gemacht [...], ihr habt keinen Mangel an irgendeiner Gabe.« (1 Kor 1,5–7) Er weiß, dass die Spaltungen auch mit Minderwertigkeitsgefühlen zu tun haben. Diejenigen, die sich unsicher fühlen, rühmen sich ihrer Lehrer in der Hoffnung, dass etwas von ihrem Glanz und Ansehen auch auf sie zurückfällt, und »blasen sich für den einen gegen den andern auf« (1 Kor 4,6).

Paulus weiß, wie schwer es ist, Unsicherheit und Minderwertigkeitskomplexen beizukommen, und dreht den Spieß um. Die Christen gehören nicht den Aposteln als ihre Gefolgsleute, sondern die Apostel gehören den Christen: »Darum rühme sich niemand eines Menschen; denn alles ist euer: es sei Paulus oder Apollos oder Kephas, es sei Welt oder Leben oder Tod, es sei Gegenwärtiges oder Zukünftiges, alles ist euer, ihr aber seid Christi, Christus aber ist Gottes.« (1 Kor 3,21–23)

Paulus sagt in Bezug auf sich selbst und Apollos deutlich genug: »So ist nun weder der etwas, der pflanzt, noch der begießt, sondern Gott, der das Gedeihen gibt.« (1 Kor 3,7) Wenn aber Gott die »Apostel als die Allergeringsten hingestellt hat« (1 Kor 4,9), tat er dies paradoxerweise, damit sie wirklich nützlich werden. Und sie sind nützlich, wenn nicht die Gemeindeglieder für den einen oder anderen von ihnen Partei ergreifen, sondern wenn die Apostel ihnen zur Verfügung stehen. Wer Christus gehört, braucht sich keinem religiösen Führer anzuschließen, sondern verfügt über die Apostel wie über alles andere – Welt, Leben oder Tod – zu seinem Nutzen. »Alles ist euer.«

Gott macht zwar »die Weisen zuschanden« und »das, was etwas ist« zunichte (1 Kor 1,27 und 28), stellt aber auch durch das Kreuz alle Weisheit und alles, was ist, in den Dienst der Glaubenden. Alles gehört ihnen und muss ihnen helfen, Christus zu gehören und die Kraft seiner Auferstehung zu erfahren. Darin liegt eine unermessliche Freiheit: Alles gehört euch, die Heiligen und die Reformatoren, der Papst und die Protestanten, die Ikonen und die Bachkantaten ... Alles ist euch zu Dienst und Nutzen, und ihr gehört Christus.[66] Eine solche frohe Zuversicht kann Minderwertigkeitsgefühle und die von ihnen geförderte Dynamik der Spaltung überwinden.

---

[66] Wenige Monate nach seinem Amtsantritt 2013 schrieb Papst Franziskus: »Es handelt sich nicht nur darum, Informationen über die anderen zu erhalten, um sie besser kennen zu lernen, sondern darum, das, was der Geist bei ihnen gesät hat, als ein Geschenk aufzunehmen, das auch für uns bestimmt ist.« (Evangelii gaudium, 246)

Die Erkenntnis bläht auf, aber die Liebe baut auf

Paulus kommt auf eine weitere Problematik zu sprechen, die die Gemeinde von Korinth spaltete. Darf man Götzenopferfleisch essen oder nicht? Im Kapitel 8, das von dieser Frage handelt, kommt das Wort »Erkenntnis« (auf Griechisch *gnosis*) gleich fünfmal vor. Der erste Vers gibt den Ton an: »Die Erkenntnis bläht auf, aber die Liebe baut auf.« (1 Kor 8,1) »Erkenntnis« erinnert an den Anfang des Briefes (1 Kor 1,5), und das Verb »aufblähen« oder »aufblasen« an das vierte Kapitel (1 Kor 4,6.18.19).

Paulus ist klar, dass Erkenntnis allein auch diese Spaltung nicht überwinden kann. Hartnäckiges Bestehen auf bessere Einsicht kann eine Lösung sogar verunmöglichen. Deshalb stellt er dem Anspruch der Erkenntnis noch einmal das Wort vom Kreuz entgegen: »So geht durch deine Erkenntnis der Schwache zugrunde, der Bruder, für den doch Christus gestorben ist.« (1 Kor 8,11) Der Tod Christi am Kreuz verschafft keine höhere Erkenntnis, sondern bewegt zum Verzicht aus Liebe: »Denn obwohl ich frei bin von jedermann, habe ich doch mich selbst jedermann zum Knecht gemacht.« (1 Kor 9,19).[67]

Auch in Kapitel 13 stellt Paulus die Liebe, die aufbaut, der Erkenntnis entgegen, die Stückwerk ist. Auch das sogenannte »Hohelied der Liebe« ist »Wort vom Kreuz«, denn es singt nicht nur davon, wie die Liebe Böses und Laster besiegt, sondern auch, wie sie Gutes und Tugenden in den Schatten stellt.

---

[67] Die zentrale Bedeutung dieses Verses für Luthers Schrift »Von der Freiheit eines Christenmenschen« ist bekannt.

Die ersten drei Verse zählen überaus wertvolle Dinge des christlichen Lebens auf. Das Vorrecht, jetzt schon an der Festversammlung des Reiches Gottes mit Engeln und Menschen aller Sprachen teilnehmen zu können: »wenn ich mit Menschen- und mit Engelzungen redete« (1 Kor 13,1). Die Einsicht in Gottes Heilsplan, Erkenntnis und Glaube: »wenn ich prophetisch reden könnte und wüsste alle Geheimnisse und alle Erkenntnis und hätte allen Glauben« (1 Kor 13,2). Die Nächstenliebe, die bis zum letzten geht: »wenn ich alle meine Habe den Armen gäbe und meinen Leib dahingäbe« (1 Kor 13,3). All das, schreibt Paulus, ist mit der Liebe verglichen nichts.

Die Verse 8–11 stellen das, was »aufhört«[68] – prophetisches Reden, Zungenreden, Erkenntnis und Wissen –, der Liebe gegenüber, die »nimmer aufhört«. »Nun aber bleiben Glaube, Hoffnung, Liebe, diese drei.« (1 Kor 13,13) Alles andere stellt das Kreuz in den Schatten. Was früher brillierte, muss im Licht des Kreuzes der Liebe und »der Gemeinschaft Jesu Christi« Platz machen.

Erfahrungen aus Taizé

Frère Roger sagte von unserer Communauté de Taizé: »Wir sind eine Anhäufung persönlicher Schwächen, aber als Gemeinschaft besucht von einem Anderen als wir.«[69] Wie

---

[68] Luther übersetzte drei verschiedene griechische Verben – *piptô* (fallen), *pauô* (aufhören) und *katargeô* (abschaffen) – allesamt mit »aufhören«.

[69] Frère Roger, de Taizé, *Dynamique du provisoire*, Écrits de frère Roger, vol. 4, 2014, 217 (eigene Übersetzung).

die Christen in Korinth sind wir von Gottes Gnade reich beschenkt, haben aber auch keinen Mangel an Schwierigkeiten. Zur Geschichte von Taizé gehören eine ganze Reihe von Misserfolgen, Missverständnissen und schmerzhaften Erfahrungen.

Es könnte aber sein, dass gerade unsere Unzulänglichkeiten uns offen machen für die Kraft Gottes, die Gemeinschaft stiftet. Wir sind knapp hundert Brüder aus fast dreißig Ländern. Es sind nicht die Vorzüge des einen oder anderen, was Herkunft, Bildung oder Lebenserfahrung betrifft, die uns zusammenhalten. Wir üben uns in Wohlwollen und Güte. Wir wollen verzeihen, wenn wir einander verletzt haben. »Nichts zu wissen als allein Jesus Christus, ihn, den Gekreuzigten« (1 Kor 2,2) kann auch bedeuten, auf Gutes und Wertvolles zu verzichten, wenn das einzig Notwendige, die »Gemeinschaft Jesu Christi«, auf dem Spiel steht.

Wir lernen, uns der besonderen Gaben, welche die eine oder andere kirchliche Tradition besonders auszeichnen, nicht gegeneinander zu rühmen, sondern mit Dankbarkeit und in großer Freiheit so über sie zu verfügen, dass sie die Gemeinschaft aufbauen.

In der Versöhnungskirche in Taizé stehen zwei Kreuze. Vorn im Chorraum steht ein einfach geschmiedetes Kreuz, dessen vier Arme in Herzen auslaufen. In den Neunzigerjahren des letzten Jahrhunderts bemerkte ein achtjähriger bosnischer Junge, der aus dem Krieg in seinem Land nach Taizé gekommen war, dieses Kreuz sofort. Er zeichnete es ab und schrieb darunter: *ljubav i mir*, »Liebe und Frieden«.

Bekannter ist die Kreuzikone, die Frère Eric gemalt hat. Seit über vierzig Jahren legen wir sie jeden Freitagabend mitten in der Kirche auf niedrige Schemel. Wer will, kann kom men, die Stirn auf das Holz des Kreuzes legen und Christus mit dieser Geste die eigenen Lasten und das Leiden anderer anvertrauen. Verbundenheit mit verfolgten Christen in Russland veranlasste die Brüder, auf diese Weise in Gemeinschaft mit ihnen zu beten.

Wir erleben sowohl in Taizé als auch auf den Europäischen Jugendtreffen oder bei anderer Gelegenheit, wie das Gebet vor dem Kreuz ohne viel Erklärungen spontan verstanden wird. Die Botschaft vom Kreuz ist wirklich eine Kraft Gottes. Das Kreuz bekräftigt ohne Wenn und Aber, dass kein Mensch von der Liebe oder dem Verzeihen Gottes ausgeschlossen ist. Und es nimmt uns in die Pflicht: »Nehmt einander an, wie Christus euch angenommen hat zu Gottes Ehre.« (Röm 15,7)

Wir möchten, dass das Kreuz Christi unser einziger geistlicher Meister ist. Frère Roger hat uns eingeschärft: »Zusammen mit meinen Brüdern in Taizé zahllose Jugendliche empfangen heißt vor allem, für sie Menschen des Zuhörens und niemals geistliche Meister zu sein. Wer sich als Meister gebärdet, verfällt leicht in die geistliche Anmaßung, die die Seele tötet.«[70] Wir möchten mit Christus arm bleiben, damit die Kraft und die Weisheit Gottes wirken. Er bewahrt uns in der »Gemeinschaft Jesu Christi«.

---

[70] Frère ROGER, de Taizé, *Aux côtés des plus pauvres*, Écrits de frère Roger, vol. 7, 2017, 143 (eigene Übersetzung).

Für Gemeinschaft protestieren[71]

Der Apostel Paulus erkannte im gekreuzigten und auferstandenen Jesus die bedingungslose Gabe Gottes. Gott liebt jeden Menschen unabhängig davon, was er ist oder nicht ist. Eine solche Liebe ist Quelle der *Freiheit*.

Menschen, die aus dieser Liebe leben, nehmen einander an, wie sie sind. Sie erweisen sich gegenseitig die Ehre und tragen einander die Lasten. Die in Christus offenbarte Gnade Gottes schafft *Gemeinschaft*.

Die Reformation hat die absolute Bedingungslosigkeit der Liebe Gottes neu entdeckt und sie radikaler zum Ausdruck gebracht, als dies je zuvor in der Geschichte der Kirche geschehen war. Heute bewegt uns dasselbe Evangelium von der Gnade dazu, uns auch für die vorrangige Bedeutung der Gemeinschaft, die aus ihr entsteht, einzusetzen.

Im 16. Jahrhundert brauchte es Mut zum Protest für den evangelischen Glauben. Es braucht heute nicht weniger Mut, im Namen des Evangeliums für Geschwisterlichkeit und Frieden zu protestieren. Gemeinschaft heißt nicht, zu allen

---

[71] Dieses Kapitel geht auf einen im Jahr 2017 zum Reformationsjubiläum in Chavannes bei Lausanne und Veltheim bei Winterthur gehaltenen Vortrag zurück. Überschneidungen mit dem Abschnitt über den Brief an die Galater im Kapitel »Das Projekt Geschwisterlichkeit« wurden in Kauf genommen, damit die Argumentation des vorliegenden Kapitels ihre Folgerichtigkeit bewahrt.

nett sein. Sie verlangt Entscheidungen, die einen inneren Kampf voraussetzen.

In seinem 1956 gehaltenen Vortrag *Die Menschlichkeit Gottes* sprach Karl Barth von »der Einsicht in – ich sage nicht zu viel – die Heilsnotwendigkeit der Existenz und Funktion der Kirche«.[72] Anne und Nikolaus Schneider haben zum 500. Reformationsjubiläum diesen Gedanken weitergeführt: »Eben deshalb ist Kirche-Sein – also eine auf Christus bezogene Gemeinschaft von Glaubenden – für uns heilsnotwendig: weil wir die Gegenwart des Auferstandenen für ein getrostes Leben und Sterben brauchen. Weil diese Einsicht in unserer protestantischen Freiheitseuphorie oft zu kurz kommt, scheint es uns sinnvoll, den vier Kernsätzen der Reformation[73] einen fünften hinzuzufügen: allein in der Gemeinschaft!«[74]

Der Galaterbrief

Im Brief an die Galater steht der berühmte Satz: »Ich widerstand ihm ins Angesicht.« (Gal 2,11) Paulus protestierte gegen Petrus, und Martin Luther hat ihn nachgeahmt. Auf

---

[72] Karl Barth, *Die Menschlichkeit Gottes.* In: *Menschlichkeit. Verhandlungen des Schweizerischen Reformierten Pfarrvereins.* 90. Versammlung vom 24.–26. September 1956 in Aarau, Biel 1956, 18–42 (41).

[73] *Sola gratia* (allein aus Gnade), *sola fide* (allein durch den Glauben), *sola scriptura* (allein aufgrund der Schrift), *solus Christus* (allein Christus).

[74] *Allein in der Gemeinschaft. Ein Geleitwort von Anne und Nikolaus Schneider,* in: Frère Alois/Siegfried Eckert, *Mehr Ökumene wagen. Über Taizé, die Reformation und gelebte Gemeinschaft,* Leipzig 2016, 11–16 (14). Nikolaus Schneider war von 2010 bis 2014 Vorsitzender des Rates der Evangelischen Kirche in Deutschland.

dem Reichstag zu Worms im Jahr 1521 trotzte er weltlichen und kirchlichen Machthabern. Seine Schlusserklärung ist in mehreren Versionen überliefert, die bekannteste lautet: »Hier stehe ich. Ich kann nicht anders. Gott helfe mir. Amen.«[75]

Ohne die Paulusbriefe hätte er nicht so sprechen können. Er hatte im Galaterbrief eine Charta der Freiheit gefunden. Die christliche Freiheit folgt daraus, dass »Gottes Handeln in keiner Weise durch menschliches Handeln bedingt ist.«[76] Wenn Gott weder gedrängt noch beeinflusst werden kann, ist der Mensch frei. Er kann sein Leben ohne Angst gestalten. Er ist davon befreit, die Liebe Gottes verdienen zu wollen oder zu müssen. Diese Erkenntnis verbat es den Reformatoren, hinsichtlich der absoluten Priorität und Bedingungslosigkeit der Liebe Gottes nachzugeben.

Wir werden ihnen immer zu Dank verpflichtet sein, dass sie im 16. Jahrhundert die Rechtfertigung allein aus Gnade ins christliche Bewusstsein zurückgerufen und ihm tief eingeprägt haben. Aber fünf Jahrhunderte später kann es nicht nur darum gehen, ein Erbe zu verwalten. Ihr Beispiel verpflichtet uns, ebenso mutig zu handeln. Wir haben das Wort Gottes, das sie damals erleuchtet hat, neu zu lesen. Um herauszufinden, welche Reformen heute erforderlich sind

---

[75] Joachim Knape, *1521: Martin Luthers rhetorischer Moment oder Die Einführung des Protests*, Berlin 2017, 206.

[76] Rowan Williams, *Das Erbe der Reformation*, in: P. Bosse-Huber/S. Fornerod/Th. Gundlach/G. W. Locher (Hg.), *500 Jahre Reformation: Bedeutung und Herausforderungen. Internationaler Kongress der EKD und des SEK auf dem Weg zum Reformationsjubiläum 2017 vom 6. bis 10. Oktober 2013 in Zürich*, Zürich – Leipzig 2014, 55–67 (58).

und in welchen Fragen wir nicht nachgeben dürfen, müssen wir den biblischen Text neu lesen.

Eine aufmerksame Lektüre des Galaterbriefs hält Überraschungen bereit. Paulus plädiert für Freiheit, aber er protestiert nicht weniger für Gemeinschaft. Für ihn sind evangelische Freiheit und geschwisterliche Gemeinschaft untrennbar. Der Vorrang der Gnade ist auch Vorrang der Gemeinschaft.

»Ich widerstand ihm ins Angesicht, denn er hatte sich ins Unrecht gesetzt«: Der Protest des Paulus gehört zum sogenannten antiochenischen Zwischenfall. Gelegentlich stilisierte ihn der Protestantismus zur Urszene hoch: Luther widerstand dem Papst wie weiland Paulus dem Petrus.[77] Und da die Heilige Schrift im Galaterbrief Paulus gegen Petrus recht gibt, sind die Protestanten dazu berufen, den Katholiken zu widerstehen und ihr Unrecht aufzudecken ...

Eine bedeutende Forschungsrichtung der letzten Jahrzehnte nennt sich *New Perspective on Paul*. Ihre Vertreter haben das große Verdienst, Paulus nicht von Vornherein durch die Brille der westlichen Auslegungstradition zu lesen. Ihre Forschungen zeigen, wie sehr ihn zu seiner Zeit die Frage nach der Einheit von Juden und Nichtjuden in Christus umtrieb. Die Engführung auf die Problematik von Glaube und Werken, wie sie im christlichen Westen seit

---

[77] »In der evangelischen Moderne ist der Konflikt [in Antiochien] zu einer protestantischen Ursituation hochstilisiert worden. Paulus habe Petrus wie Luther dem Papst widerstanden.« Thomas Söding, *Streiten verbindet. Der Galaterbrief als Wegweiser der Ökumene*, in: Ulrich Luz/Thomas Söding/Samuel Vollenweider (Hg.), *Exegese – ökumenisch engagiert. Der »Evangelisch-Katholische Kommentar« in der Diskussion über 500 Jahre Reformation*, Göttingen 2016, 89–98 (92).

Augustinus und seinen Erben Luther und Calvin vorherrschend ist, wird Paulus nicht gerecht.

Er schreibt an die Gemeinden in Galatien, die er auf einer seiner Reisen gegründet hat, entweder als er mit Barnabas über Zypern den Süden der heutigen Türkei besuchte, oder als er ein paar Jahre später mit Silas etwas nördlicher durch das galatische Herzland zog. Wie dem auch sei, er sagt gleich zu Anfang, was ihm Sorgen macht und ihn zum Schreiben veranlasst. Andere Missionare haben die von ihm gegründeten Gemeinden besucht und wollen, so Paulus, die Glaubenden »verwirren und das Evangelium Christi verdrehen« (Gal 1,7).

Die Heftigkeit, mit welcher er seine Gegner angreift, darf nicht vergessen lassen, wie viel er mit ihnen gemeinsam hat. Er ist Jude wie sie. Auch er weiß, dass Gott Israel von allen Völkern abgesondert und erwählt hat. Und seine Gegner sind wie er davon überzeugt, dass sich mit dem Auftreten Jesu etwas geändert hat. Strittig sind die Art und das Ausmaß dieser Veränderung. Ist das Kommen Christi ein Heilsereignis neben anderen, oder bedeutet sein Tod am Kreuz die alles entscheidende Wende? Auch die Gegner des Paulus sind der Überzeugung, Jesus habe den Nichtjuden die Tür zum heiligen Volk Gottes geöffnet. Aber sie halten daran fest, dass die volle Teilnahme am Segen, der Abraham und seinen Nachkommen verheißen ist, den formellen Eintritt in den Gottesbund mit Israel verlangt.

Paulus aber hat Gott offenbart, dass der Tod seines Sohnes der bestehenden Weltordnung ein Ende machte. Jesus hat die Grenze zwischen Juden und Nichtjuden nicht ein wenig durchlässiger gemacht, sondern aufgehoben. Die bisherige Welt muss einer neuen weichen: »Denn weder Beschneidung noch Unbeschnittensein gilt etwas – hier ist vielmehr neue Schöpfung.« (Gal 6,15) In der neuen Schöpfung, die mit der Auferstehung Christi beginnt, vereint eine neuartige Gemeinschaft Juden und Nichtjuden in geschwisterlicher Liebe.

Diejenigen, die die bisherigen Ordnungen erhalten wollten, ob Römer, Griechen oder Juden, sahen in dieser neuen Geschwisterlichkeit eine Gefahr. Die Gegner des Paulus teilten ihre Besorgnis und ihre Argumente. Sie waren zwar der Auffassung, dass Nichtjuden, die an Jesus glauben, Kinder Abrahams werden sollen und können, aber nur mittels der Beschneidung, damit die Ordnung gewahrt bleibt. Für Paulus hingegen hat Christus sie ins Wanken gebracht. Er schreibt seinen leidenschaftlichen Brief, weil er unbedingt verhindern will, dass die Gemeinden in Galatien die Geschwisterlichkeit aufgeben, die sie als Juden und Nichtjuden vereint. Das käme nach seinem Verständnis einer Ablehnung der Gnade gleich, die in Jesus Christus offenbart ist.

Der Konflikt in Antiochia

In seinem Brief erzählt Paulus zuerst seine zwei Begegnungen mit den Aposteln in Jerusalem, bei denen es trotz großer Spannungen jeweils zu einer Einigung kam. Dann kommt er auf seinen Zusammenstoß mit Petrus in Antiochia zu sprechen. »Als Kefas nach Antiochia kam, trat ich ihm persönlich entgegen, weil er sich selber ins Unrecht versetzt hatte. Bevor nämlich einige Anhänger des Jakobus eintrafen, pflegte er zusammen mit den Heiden zu essen. Als jene aber eingetroffen waren, zog er sich zurück und sonderte sich ab – aus Furcht vor den Beschnittenen.« (Gal 2,11–12)

Paulus war gegen Ende der dreißiger Jahre nach Antiochia gekommen – die Stadt war das zweite Zentrum des Christusglaubens nach Jerusalem – und übernahm in der Gemeinde leitende Aufgaben (Apg 11,25). Die Apostelgeschichte erwähnt, dass die Jesusjünger in dieser Stadt zum ersten Mal »Christen« genannt wurden (Apg 11,26). Dieser Name hängt damit zusammen, dass die antiochenische Gemeinde im Unterschied zu derjenigen in Jerusalem nicht nur aus Juden, sondern auch aus Nichtjuden bestand, die sich aber weder beschneiden ließen noch die jüdischen Speisevorschriften übernahmen. Diese neuartige Gemeinschaft, in welcher sich Juden und Heiden als Geschwister in Christus anerkannten und liebten, fand ihren Ausdruck nicht zuletzt in der gemeinsamen Mahlfeier.

Petrus kam etwas später nach Antiochia, als er in den frühen vierziger Jahren gezwungen war, Jerusalem zu verlassen. Die Apostelgeschichte erzählt farbig und hochspannend von den Ereignissen, die zu seiner Flucht führten (Apg 12,1–17). In Antiochia hieß er die Tischgemeinschaft zwischen Juden und Heiden zunächst gut und nahm selber an ihr teil. Doch auf einmal änderte er seine Haltung, »er zog sich zurück und sonderte sich ab« (Gal 2,12). Paulus warf ihm Heuchelei vor.

Petrus handelte gewiss nicht ohne Grund. Leute aus dem Kreis um Jakobus, dem »Bruder des Herrn« (Gal 1,19), der nach ihm die Leitung der Gemeinde in Jerusalem übernommen hatte, überbrachten Nachrichten, die alarmierend gewesen sein mussten. Für die Jünger, die in Jerusalem Jesus als den Messias Israels bezeugten, wurde die Lage untragbar, wenn anderswo im Namen desselben Christus Jesus der Unterschied zwischen Israel und den Heidenvölkern verwischt und aufgehoben wurde. Petrus zog sich von den gemeinsamen Mahlzeiten zurück, um die Gemeinde in Jerusalem vor Verachtung und Verfolgung zu schützen.

Für Paulus stand aber damit »die Wahrheit des Evangeliums« auf dem Spiel, und er riskierte für sie den Konflikt: »Als ich sah, dass sie [die jüdischen Jesusgläubigen wie Petrus und Barnabas, die nicht mehr mit Nichtjuden Mahl hielten] nicht den auf die Wahrheit des Evangeliums ausgerichteten Weg gingen, sagte ich zu Kefas vor allen Anwesenden: Wenn du, der du ein Jude bist, wie die Heiden und nicht wie ein Jude lebst, wie kannst du dann die Heiden zwingen, wie die Juden zu leben?« (Gal 2,14) Er bezichtigt Petrus der Inkonsequenz. Er wirft ihm vor, die Grenze zwischen Juden und Nichtjuden, die er selber ja schon übertreten hat, wieder zum Identitätsmerkmal zu machen.

Petrus hatte nicht freiwillig, geschweige denn eigenmächtig, gehandelt, als er zum ersten Mal mit Nichtjuden zu Tisch saß. Die Apostelgeschichte erzählt ausführlich und unterhaltsam, mit was für außergewöhnlichen Mitteln Gott ihn drängte, bis er bereit war zu tun, was Jesus niemals getan hatte. Engel, Visionen und göttliche Stimmen zwangen ihn, das Haus des römischen Hauptmanns Kornelius zu betreten und mit ihm zu essen (Apg 10–11). Wenn er sich jetzt von der Tischgemeinschaft mit Nichtjuden zurückzieht, schließt er eine Tür, die Gott geöffnet hat. Und er zwingt die nichtjüdischen Christen, die mit ihm in Gemeinschaft bleiben wollen, faktisch dazu, »wie die Juden zu leben«, das heißt, sich beschneiden zu lassen und die Speisevorschriften zu beobachten. Deshalb widersteht ihm Paulus und protestiert aufgrund der Wahrheit des Evangeliums für die Gemeinschaft.

Wenn es zu einer Einigung gekommen wäre, hätte Paulus davon berichtet. Denn eine erneute Übereinkunft mit Petrus, einem der ersten Gefährten Jesu, hätte seine Position natürlich gestärkt. Dass die Einigung ausblieb, bedeutet aber nicht, dass er die Gemeinschaft mit den Aposteln nicht mehr suchte. Der Bruch mit der Jerusalemer Gemeinde war für ihn keine Option. Sonst hätte er nicht immer wieder betont, dass er keinen anderen Christus verkündet als Petrus und Jakobus. Wäre ihm seine Handlungsfreiheit das Wichtigste gewesen, hätte er sich von den toratreuen Jesusjüngern in Jerusalem oder anderswo einfach trennen können.

Dieser Weg war für ihn aber genauso ungangbar, wie es nach seiner Überzeugung für Petrus unmöglich sein sollte, die Tischgemeinschaft mit den Nichtjuden aufzugeben. Die Apostelgeschichte lässt ahnen, dass sein unbedingtes Festhalten an der Gemeinschaft mit der Kirche in Jerusalem Paulus das Leben kosten wird. Er konnte aber nicht anders handeln, denn die neue Geschwisterlichkeit von Juden und Nichtjuden in der Kirche aufzugeben hätte geheißen, »die Gnade Gottes außer Kraft zu setzen« (Gal 2,21).

Die Wahrheit des Evangeliums

Für uns ist es von Vorteil, dass es zu keiner Übereinkunft mit Petrus kam. Dieser für Paulus misslichen Lage verdanken wir den Galaterbrief. Sie zwang ihn, zu argumentieren und mit höchster Anstrengung »die Wahrheit des Evangeliums« so präzise wie möglich zu formulieren. Man hat vom Galaterbrief zu Recht gesagt, er sei »theology in the making«,[78] Theologie, deren Entstehung wir beim Lesen mitverfolgen können.

---

78 »In Galatians [...] we encounter theology in the making.« James D.

Paulus setzt seinen Bericht von den Ereignissen in Antiochia mit einer Art fiktivem Gespräch fort, das er mit Petrus, Barnabas und Jakobus hätte führen können. Er bekräftigt zuerst, was ihnen allen gemeinsam ist: »Wir sind von Geburt Juden und nicht sündige Heiden.« (Gal 2,15) Er übernimmt vielleicht nicht ganz ohne Ironie die traditionelle Identifikation der Juden mit den Gerechten und der Nichtjuden mit den Sündern. Die Apostel und Säulen der Kirche sind Juden und keine sündigen Heiden, sondern grundsätzlich Gerechte.

Aber er erinnert sie und alle jesusgläubigen Juden an das, was Christus ihnen bedeutet: »Weil wir aber wissen, dass ein Mensch nicht dadurch gerecht wird, dass er tut, was im Gesetz geschrieben steht, sondern durch den Glauben an Jesus Christus, sind auch wir zum Glauben an Christus Jesus gekommen, damit wir aus dem Glauben an Christus gerecht würden und nicht dadurch, dass wir tun, was im Gesetz geschrieben steht.« (Gal 2,16) Mit diesem komplexen Satz formulierte Paulus vielleicht zum ersten Mal die Rechtfertigung aus dem Glauben.

Mit »wir« sind in diesem Schlüsselsatz wie im vorhergehenden Vers zunächst die jüdischen Jesusgläubigen gemeint. Man könnte ihn also folgendermaßen wiedergeben: »Wir Juden von Geburt, deren höchstes Ziel es ist, von Gott als Gerechte anerkannt zu werden, haben dennoch in der Begegnung mit Jesus erfahren, dass nicht unsere Gesetzestreue, sondern Christus uns in die unerschütterliche Gemeinschaft mit Gott versetzt.«

G. DUNN, *The Theology of Paul's Letter to the Galatians*, Cambridge 1993, 64.

Paulus formuliert sofort selber den Einwand, den Petrus und vor allem Jakobus hätten aufwerfen können: »Wenn wir im Bestreben, durch Christus gerecht zu werden, nun selbst als Sünder dastehen, ist dann Christus ein Diener der Sünde?« (Gal 2,17) Anders ausgedrückt: Wenn wir als Juden behaupten, die Gnade Gottes, die sich in Christus offenbart, mache den Unterschied zwischen uns und den Heiden belanglos und wir seien nichts anderes mehr als Sünder, dann steht Christus, der uns zu dieser Einsicht bringt, auf der Seite der Sünde und vermehrt die Zahl der Sünder!

Wenn Christus Gottes Sohn ist, kann er natürlich kein Diener der Sünde sein. Aber tatsächlich standen Paulus und Petrus und die anderen Juden, die aufgrund des Evangeliums angefangen hatten, ihr Leben mit Nichtjuden zu teilen, wegen Christus in den Augen des Gesetzes als Sünder und Übertreter da. Wie ist das zu verstehen? Für Paulus gab es eine einzige Antwort: Christus allein, und nicht das Gesetz, entscheidet über die Gemeinschaft mit Gott. »Ein Mensch wird nicht dadurch gerecht, dass er tut, was im Gesetz geschrieben steht, sondern durch den Glauben an Jesus Christus.«

Paulus ist sogar stolz darauf, ein vom Gesetz zum Tod Verurteilter zu sein: »Durch das Gesetz bin ich für das Gesetz gestorben. So kann ich fortan für Gott leben.« (Gal 2,19) Er weiß sich eins mit Christus: »Ich bin mitgekreuzigt mit Christus: Nicht mehr ich lebe, sondern Christus lebt in mir.« (Gal 2,19–20) Paulus ist gleichzeitig ein Toter und ein Lebender,[79] ein Mitverurteilter mit dem gekreuzigten Jesus und ein Lebender mit dem Auferstandenen.

---

[79] In Anlehnung an die Formel Luthers *simul iustus et peccator* (der Christ ist gleichzeitig gerecht und sündig) fasst John M. G. Barclay

Im Kapitel 3 entwickelt Paulus seinen Gedankengang weiter. Mit zwei Zitaten aus dem Deuteronomium legt er dar, dass die vom Gesetz Verurteilten in derselben Lage sind wie der gekreuzigte Jesus. Das erste: »Verflucht ist jeder, der nicht bleibt bei allem, wovon im Buch des Gesetzes geschrieben steht, dass es zu tun sei.« (Gal 3,10 und Dtn 27,26) Und das zweite: »Verflucht ist jeder, der am Holz hängt.« (Gal 3,13 und Dtn 21,23) Das Gesetz verurteilt die Übertreter – aber genau derselbe Fluch trifft den gekreuzigten Jesus, den Sohn Gottes!

Daraus schließt Paulus, dass Christus die Aufteilung der Menschen in Gerechte und Sünder überwunden hat. Wenn der Sohn Gottes wie der letzte Sünder wurde, kann sich niemand mehr im Namen Gottes von den Sündern absondern. Die jesusgläubigen Juden können sich nicht von den »sündigen Heiden« absetzen. Denn Jesus ist gestorben, damit »der Segen Abrahams durch Christus Jesus zu den Heidenvölkern kommt« (Gal 3,14).

Damit wird klar, warum Paulus so unerbittlich für die neue Gemeinschaft in Christus kämpft. Kein Mensch darf von ihr ausgeschlossen sein, denn sonst wäre Christus umsonst am Kreuz gestorben. Die Rechtfertigung aus dem Glauben und die neue Geschwisterlichkeit sind für Paulus untrennbar. Dass Gott mit Christus seine Liebe allen ohne Unterschied schenkt, hebt die trennenden Differenzen sowohl zwischen den Gerechten und den Sündern als auch zwischen Israel und den anderen Völkern auf.

---

die christliche Existenz nach dem Galaterbrief im Ausdruck *simul mortuus et vivens* (gleichzeitig tot und lebendig) zusammen. John M. G. Barclay, *Paul and the Gift*, Grand Rapids 2015, 505.518.

Eine neue Identität

In der neuen Schöpfung, die mit der Auferstehung Jesu beginnt, empfängt jeder Mensch eine neue Identität, die alle anderen Identitäten überkleidet: »Ihr alle, die ihr auf Christus getauft wurdet, habt Christus angezogen.« (Gal 3,27) Darauf folgt der berühmte Satz: »Da ist weder Jude noch Grieche, da ist weder Sklave noch Freier, da ist nicht Mann und Frau. Denn ihr seid alle eins in Christus Jesus.« (Gal 3,28) Paulus spricht von den Getauften, aber sein Spitzensatz wirkt weit über die Grenzen der Kirche hinaus. Der Philosoph Alain Badiou, ein Agnostiker, vertritt in seinem 1997 veröffentlichten Buch »Die Begründung des Universalismus«[80] die These, dass der moderne Universalismus auf Paulus zurückgeht.

Paulus nennt drei Differenzen, die in Christus überwunden sind. Die erste ist die von Gott gesetzte Absonderung des heiligen Gottesvolkes von den Heiden: »da ist weder Jude noch Grieche«. Die zweite ist die von Menschen gesetzte Trennung zwischen Sklaven und Freien. Die dritte ist der Geschlechtsunterschied. Die Behauptung ist kühn, der in der Schöpfung begründete Unterschied von Mann und Frau werde in Christus ebenso unerheblich wie die sozialen Unterschiede und der Vorrang Israels vor den Nichtjuden. Paulus wiederholte sie nie, und sie findet sich sonst nirgends im Neuen Testament.

---

[80] Alain Badiou, *Paulus. Die Begründung des Universalismus*, München 2002 (Alain Badiou, *Saint Paul. La fondation de l'universalisme*, Paris 1997).

Worauf es ankommt, ist »die neue Schöpfung« (Gal 6,15), »allein der Glaube, der sich durch die Liebe als wirksam erweist« (Gal 5,6). Die neue Gemeinschaft in Christus machte Paulus und andere jesusgläubige Juden zu Übertretern des Gesetzes. Und dennoch erfüllen gerade sie, die ihre heidnischen Brüder und Schwestern lieben, das Gesetz. Denn »das ganze Gesetz hat seine Erfüllung in dem einen Wort gefunden: Liebe deinen Nächsten wie dich selbst« (5, 14).

Dass hinfällig wird, was Israel und die Völker so wie Gerechte und Sünder voneinander trennt, bedeutet nicht Gleichgültigkeit, als ob Gerechtigkeit und Sünde miteinander verwechselt werden könnten. In den beiden letzten Kapiteln des Galaterbriefes beschreibt Paulus einen neuen Lebensstil. »Die Frucht des Geistes ist Liebe, Freude, Frieden, Geduld, Güte, Rechtschaffenheit, Treue, Sanftmut, Selbstbeherrschung.« (Gal 5,22–23)

Ein paar Verse weiter erklärt er, was die Liebe tut, in welcher das Gesetz seine Erfüllung findet: »Tragt einer des andern Last, so werdet ihr das Gesetz Christi erfüllen.« (Gal 6,2) Der Ausdruck »Gesetz Christi« bezieht sich eher auf die Person Jesu als auf seine Gebote. Er stellte sich nicht über die andern, grenzte sich nicht von den Sündern ab, sondern demütigte sich und trug die Verfehlungen der anderen, als wären es seine eigenen.

Wer in seiner Nachfolge liebt, nimmt das Fehlverhalten eines Bruders oder einer Schwester nicht zum Anlass, sich des eigenen Wertes oder der eigenen Überlegenheit zu vergewissern. Wer liebt, sagt sich nicht von seinen Geschwistern los, wenn er ihres Unglücks oder ihrer Sünde gewahr wird. Wer liebt, trägt in der Kraft und Sanftmut des Heiligen Geistes das Leid und Elend mit, das sie mit ihrem Versagen verursacht haben und das sie belastet oder beschämt. Der Einsatz für Gemeinschaft hat Vorrang vor der eigenen Vollkommenheit. Die Solidarität nach dem Gesetz Christi kann so weit gehen, dass ich einer Verfehlung angeklagt werde, die nicht ich, sondern mein Bruder begangen hat.

Gemeinschaft bedeutet nicht Konfusion. Das geschwisterliche Leben der Christen muss die Spannung zwischen Solidarität und Eigenverantwortung aushalten. Deshalb schreibt Paulus nicht nur: »Tragt einer des andern Last«, sondern fügt hinzu: »Jeder wird seine eigene Bürde zu tragen haben.« (Gal 6,5) Das ist kein Widerspruch. Ohne persönliche Verantwortung vor Gott gibt es keine authentische Gemeinschaft. Paulus konnte sich so frei und kühn für den Vorrang der Gemeinschaft einsetzen, weil sein Gewissen vor Gott offen lag.

Zum Abschluss

Zweitausend Jahre sind es her, seit Paulus an die Gemeinden in Galatien schrieb, und fünfhundert seit der Reformation. Heute leben wir in einer anderen Welt. Aber die Rückkehr zu den biblischen Quellen – ein Schlüsselerlebnis der Reformatoren des 16. Jahrhunderts – bleibt die entscheidende Inspiration, damit wir verstehen, welche Reformen heute erforderlich sind, und worin wir nicht nachgeben dürfen, wenn wir der Wahrheit des Evangeliums treu bleiben wollen.

Die Wahrheit des Evangeliums ist christliche Freiheit. Der Brief an die Galater hört nicht auf, alle, die ihn lesen, zu der frohen Freiheit der Kinder Gottes zu rufen. Sie kommt aus der Gewissheit, dass Gott mit Christus seine Liebe souverän und umsonst gibt und dass der Heilige Geist sie stetig erneuert.

Die Wahrheit des Evangeliums ist Gemeinschaft über alle Unterschiede und Grenzen hinaus. Aufgrund des Todes und der Auferstehung Christi haben im ersten Jahrhundert jesusgläubige Juden eine heilige Grenze überschritten und Heiden als ihre Geschwister angenommen. Ihre mutige Freiheit fordert uns auf, heute die Gemeinschaft zu wagen, die uns in Christus über scheinbar unüberwindliche Differenzen hinaus vereint.

Wenn Unsicherheit und Ängste nahelegen, sich in starren Identitäten einzuschließen und hinter sicheren Grenzen zu verschanzen, macht Christus frei, für Gemeinschaft zu protestieren und einander als Geschwister anzunehmen.

Konturen der Kirche nach der Apostelgeschichte

»In der Kirche steckt etwas vom Reich«, schreibt Erik Peterson in seinem Kirchentraktat.[81] »Das Ineinander von Reich und Kirche«,[82] wie er auch sagt, durchzieht die ganze Apostelgeschichte. Daniel Marguerat nennt sie »Die erste Geschichte des Christentums«.[83] Sie erzählt die Anfänge der Kirche, aber es geht ihr ebenso von Anfang bis Ende um das Reich Gottes. Nicht ihr allererster Satz, aber immerhin schon der dritte Vers spricht von »dem, was *das Reich Gottes* betrifft« (Apg 1,3). Und ihr allerletzter Vers nennt abschließend »*das Reich Gottes* und das, was Jesus, den Herrn, betrifft« (Apg 28,31).

Dem Verhältnis von Reich Gottes und Kirche kann man sich in der Apostelgeschichte unter folgenden Gesichtspunkten nähern: 1. die Anfänge des Reiches Gottes im gemeinsamen Lobpreis und der geschwisterlichen Gemeinschaft, 2. der Beitrag der Kirche zum Frieden und 3. die Kirche und die ihr immer vorausgehende Gegenwart Gottes.

---

[81] Erik Peterson, *Die Kirche* (1929), in: Ders., *Theologische Traktate*, Würzburg 1994, 245–257 (254).

[82] Ibid.

[83] Daniel Marguerat, *La première histoire du christianisme (Les Actes des apôtres)*, Paris/Genf 1999.

Die Anfänge des Reiches Gottes im gemeinsamen Lobpreis und der geschwisterlichen Gemeinschaft

Evangelium und königliche Herrschaft – so kann man das Wort *basileía*, das meistens mit »Reich« wiedergegeben wird, auch übersetzen – gehören untrennbar zusammen. Am Anfang seines öffentlichen Wirkens sagt Jesus: »Ich muss [...] das Evangelium vom Reich Gottes verkündigen.« (Lk 4,43) Die gute Nachricht ist schon bei Jesaja die Königsherrschaft Gottes: »Wie lieblich klingen die Schritte des Freudenboten auf den Bergen, der Frieden verkündet, der gute Botschaft bringt, der Rettung verkündet, der zu Zion spricht: Dein Gott ist König geworden!« (Jes 52,7) Gott tritt seine königliche Herrschaft mit seiner Rückkehr nach Jerusalem an: »Horch, deine Wächter haben die Stimme erhoben, allesamt jubeln sie, denn Auge in Auge werden sie sehen, wie der Herr zurückkehrt nach Zion.« (Jes 52,8) Als Jesus das Reich Gottes verkündete, konnten die Menschen, die ihm zuhörten, verstehen, dass Gott unverzüglich kommen und das Regiment mit königlicher Macht in die Hand nehmen würde.

In der Apostelgeschichte kommt das Wort *basileía* in der Frage der Jünger zum zweiten Mal vor: »Herr, wirst du in dieser Zeit die königliche Herrschaft für Israel wieder aufrichten?« (Apg 1,6) Lukas lässt absichtlich in der Schwebe, ob es hier um die Königsherrschaft Gottes oder um das Reich des Messias geht. Die Apostel hofften, dass seine Auferweckung von den Toten Jesus doch noch auf den ihm verheißenen Thron Davids (vgl. Lk 1,32) bringen würde. Und sie erwarteten ebenso die noch ausstehende königliche Herrschaft Gottes.

Bedeutend ist, dass auf beide Vorkommen von *basileía* in Apostelgeschichte 1 eine Aussage Jesu über den Heiligen Geist folgt: »Ihr werdet mit Heiligem Geist getauft werden« (Apg 1,5) und »Ihr werdet Kraft empfangen, wenn der Heilige Geist über euch kommt« (Apg 1,8). Reich und Geist haben ganz offensichtlich etwas miteinander zu tun. Die Kraft des Heiligen Geistes verheißt Jesus ausdrücklich in Jerusalem, denn es ist die »Stadt des großen Königs« (Mt 5,35). Der Heilige Geist ist da versprochen, wo die Königsherrschaft Gottes angesagt ist.

Damit ist die Pfingsterzählung vorbereitet. Sie ist kein nüchterner Tatsachenbericht, sondern ein vielschichtiges lukanisches Meisterwerk. Ihr liegen zwar vergangene Ereignisse zugrunde, wahrscheinlich vor allem die Entstehung einer griechischsprachigen Gemeinde in Jerusalem.[84] Aber sie hat einen unverkennbar prophetischen Charakter.[85] Es ist, als erreichte an Pfingsten das Evangelium schon die Enden der Erde.

Die Apostelgeschichte ist auf Griechisch geschrieben, aber wir müssen auch Biblisch können, um sie zu verstehen. Biblisch können heißt, schon beim Wort »Pfingstfest« an den Sinai zu denken. Fünfzig Tage nach dem Auszug aus Ägypten wurde Gott am Sinai König in Israel, und die Hebräer sein »Königreich von Priestern« (Ex 19,6). An Pfingsten beginnt in Jerusalem zunächst alles wie damals. »Am Tag

---

[84] Martin Hengel, *Zwischen Jesus und Paulus. Die »Hellenisten«, die »Sieben« und Stephanus, (Apg 6,1–15; 7,54 – 8,3)*, in: *Zeitschrift für Theologie und Kirche* 72 (1975), 151–206 (172).

[85] »Man kann den prophetischen Charakter dieser an den Anfang der Apostelgeschichte gestellten Erzählung nicht verkennen.« Erik Peterson, op. cit., 416.

des Pfingstfestes waren sie alle beisammen an einem Ort« (Apg 2,1) – wie das Volk Israel am Fuß des Sinai. Vom Himmel her kommen auf einmal Brausen, heftiger Sturm und Feuer (Apg 2,2–3) – als erschiene Gott wie am heiligen Berg als mächtiger König in Sturmwind, Erdbeben und Feuer.

Die Spannung steigt: Kommt die königliche Herrschaft, kommt das Reich Gottes jetzt? Ein lukanischer Kunstgriff führt eine überraschende Wendung herbei. Aus dem verzehrenden Feuer vom Sinai werden »Zungen wie von Feuer« (Apg 2,3). Diese wiederum lassen sich auf Menschen nieder, die über das Organ einer menschlichen Zunge verfügen, reden und singen können. Nicht weniger als drei verschiedene Dinge bezeichnet das eine Wort *glôssai*: Feuerzungen, Menschenzungen und Sprachen.

Die pfingstliche Versammlung von »etwa hundertzwanzig Personen« (Apg 1,15), die in vielen Sprachen »die großen Taten Gottes verkünden« (Apg 2,11), kann mit der grandiosen königlichen Erscheinung Gottes am Sinai natürlich nicht mithalten. Aber sie bleibt nicht verborgen. Juden »aus allen Völkern unter dem Himmel« (Apg 2,5), die gerade in Jerusalem weilen, strömen herbei. Und sie verstehen alle etwas. Keiner versteht alles – sonst müsste ja jemand alle Sprachen gekonnt haben. Und auch das hätte nicht gereicht, wenn sich, wie anzunehmen ist, unter die Sprachen der Menschen auch Sprachen der Engel (vgl. 1 Kor 13,1) mischten. Das Ganze ist so ungewohnt, dass manche Beobachter ratlos auf reichlichen Weingenuss schließen.

Ist Pfingsten eine gewaltige Enttäuschung? Die Fallhöhe ist tatsächlich groß. Was zur machtvollen Ankunft des Reiches Gottes zu werden versprach, wird zu einem Lobpreisgottesdienst. Was hat eine fröhliche Versammlung von hundertzwanzig Seelen mit der königlichen Herrschaft Gottes zu tun? »Christus hat das Reich verkündet, aber gekommen ist die Kirche.«[86] Diesen berühmten Satz hat zwar Alfred Loisy nicht so negativ gemeint, wie er manchmal zitiert wird. Aber trotzdem: Auch wenn es am Pfingstabend in Jerusalem schon dreitausend Gläubige sind, die Gott loben – kann das die königliche Ankunft Gottes sein, wie sie ein Jesaja beschrieben hat?

Die Jünger hätten an Pfingsten gewiss lieber »den Herrn Auge in Auge nach Zion zurückkehren sehen« (Jes 52,8), als für eine leicht berauschte Gesellschaft gehalten zu werden. Aber die Sache lässt sich auch umkehren. »Christus hat das Reich verkündet, aber gekommen ist die Kirche«: Ja, Gott ist nicht sichtbar als König in Jerusalem eingezogen. Aber Christus lügt nicht. Also ist das Reich gekommen, aber anders als erwartet. Es ist gekommen in Form und Gestalt des Heiligen Geistes. Und das ist keine Enttäuschung, sondern eine gute Nachricht.

Pfingsten wird oft zum Ideal gemacht. Da Ideale aber schwer zu erreichen sind, war und ist das Pfingstideal auch Ursache von Frustrationen. Es kann dazu führen, dass man sich selbst und anderen etwas vormacht und Erfahrungen von Scheitern und Enttäuschung verdrängt. In der Apostelgeschichte bedeutet Pfingsten nicht nur Begeisterung, sondern auch Enttäuschung. Manche Erwartungen der Apostel mussten enttäuscht werden, damit Gott neue Horizonte eröffnen konnte. Wenn wir die Enttäuschung wahrnehmen, die in der Pfingsterzählung zum Ausdruck kommt, können

86 »Jésus annonçait le Royaume de Dieu et c'est l'Église qui est venue.« Alfred Loisy, *L'Évangile et l'Église*, Paris 1902, III.

wir uns im Pfingstgeschehen ehrlich wiederfinden. Wir brauchen unsere eigenen Enttäuschungen nicht zu leugnen. Sie schaffen dem Heiligen Geist Freiraum für Neues, Unerwartetes, Unverhofftes.

Seit Frère Roger 1940 nach Taizé kam, traf die Brüder der Communauté manche Enttäuschung, aber sie erlebten auch viel Pfingstfreude. Gemessen an der königlichen Weltherrschaft Gottes ist das Gleichnis der Gemeinschaft, das wir in Taizé leben wollen, unbedeutend, Missverständnissen ausgesetzt wie der Lobpreis der hundertzwanzig Jesusjünger an Pfingsten, vielleicht enttäuschend. Und dennoch kommt Gott in jedem gemeinsam gesungenen Gebet und tritt seine königliche Herrschaft an. Sagt nicht Psalm 22: »Du thronst auf den Lobgesängen Israels« (Vers 4)? In den orthodoxen Kirchen beginnt jede Göttliche Liturgie mit den Worten: »Gepriesen sei das Reich des Vaters und des Sohnes und des Heiligen Geistes.« Gottesdienste sind zeichenhafte Anfänge des Reiches Gottes.

In Taizé hat das gemeinsame Gebet wegen der Sprachenvielfalt zwangsläufig mit Pfingsten zu tun. Wir singen und beten in vielen Sprachen, dazu kommen die langen Zeiten gemeinsamen Schweigens. Es geht beim Gottesdienst nicht nur um intellektuelle Inhalte, sondern wir »treten hinzu zum himmlischen Jerusalem, zu Tausenden von Engeln, zum Fest und zur Gemeinde der Erstgeborenen, deren Namen aufgeschrieben sind im Himmel« (Hebr 12,22–23).

Die Pfingsterzählung schließt mit dem Bild der neu entstanden Gemeinde der Glaubenden. Gott tritt seine Königsherrschaft in der geschwisterlichen Gemeinschaft an. Im gemeinsamen Lobgesang und im Miteinander-Teilen nimmt sie ihren unwiderruflichen Anfang. Das bedeutet, dass die

Kirche nicht einfach unsere Sache ist. Wir haben es in ihr mit dem Reich Gottes zu tun.

Der Beitrag der Kirche zum Frieden

Juden aus aller Welt hörten an Pfingsten in Jerusalem den Lobpreis der großen Taten Gottes. Warum nahm sich Lukas die Mühe, all ihre Länder aufzuzählen? »Parther und Meder und Elamiter, Bewohner von Mesopotamien, von Judäa und Kappadokien, von Pontus und der Provinz Asia, von Phrygien und Pamphylien, von Ägypten und dem kyrenischen Libyen, und in der Stadt weilende Römer, Juden und Proselyten, Kreter und Araber ...« (Apg 2,9–11): Diese Völker- und Länderliste, die den Herrschaftsbereich eines Kaisers beschreiben könnte, gibt der Pfingsterzählung eine politische Dimension.

Lukas nennt zwölf Völker und Länder, bevor er etwas nachhinkend Römer, Kreter und Araber[87] hinzufügt. Die Zahl Zwölf spielt auch im vorhergehenden Kapitel eine zentrale Rolle. Matthias wurde gewählt, um den Zwölferkreis wieder herzustellen. Denn zwölf Apostel sind nötig, damit sich erfüllen kann, was Jesus ihnen gesagt hatte: »Ich übergebe euch, wie der Vater mir, die Königsherrschaft, damit ihr in meinem Königreich an meinem Tisch esst und trinkt und auf Thronen sitzt, um die zwölf Stämme Israels zu richten.« (Lk 22,28–30)

---

[87] Martin Hengel, *Ioudaia in der geographischen Liste Apg 2,9–11 und Syrien als »Großjudäa«*, in: *Revue d'Histoire et de Philosophie religieuses* 80, 2000, 51–68.

Gemäß den prophetischen Verheißungen beginnt das Friedensreich des Messias in Jerusalem und erstreckt sich dann auf den ganzen Erdkreis. Lukas nennt in der Pfingsterzählung fromme Juden aus zwölf Völkern oder Ländern anstelle der zwölf Stämme Israels, um anzudeuten, dass die Apostel nicht nur die zwölf Stämme Israels richten werden, wie Jesus es ihnen verheißen hat, sondern dass sich ihr Auftrag auf die Völkerwelt erstrecken wird.

Zunächst aber blieben sie ein gutes Jahrzehnt in Jerusalem und warteten auf ihre Throne. Wo anders als in Jerusalem sollten die Throne der Richter Israels denn stehen? Die Wende brachte der gewaltsame Tod des Apostels Jakobus. Seine Hinrichtung durch Herodes Agrippa I. Anfang der vierziger Jahre riss zum zweiten Mal eine Lücke in den Zwölferkreis. Aber im Unterschied zu Judas wurde Jakobus nicht ersetzt. Die Apostel hatten verstanden, dass ihre Throne nicht in Jerusalem stehen würden. Jesus hatte sich ja auch nicht in Jerusalem auf den Thron seines Vaters David gesetzt, sondern zur Rechten Gottes im Himmel.

Petrus entkam dem Schicksal des Jakobus nur ganz knapp (Apg 12,3–17). Er erlebte seine Befreiung aus dem Gefängnis wie eine Auferstehung, und er verstand, dass sein Platz nicht mehr in Jerusalem war. »Und er ging hinaus und begab sich an einen anderen Ort.« (Apg 12,17) Ähnliches ist von den übrigen Aposteln anzunehmen.

Ist damit die Hoffnung auf ein messianisches Friedensreich, welches die Apostel auf ihren Thronen in Jerusalem mitregieren sollten, einfach *ad acta* zu legen? Gott nimmt sein Wort nicht zurück, aber seine Verheißungen erfüllen sich oft anders als erwartet. Die Hoffnung auf den messianischen Frieden wurde sowohl enttäuscht als auch verwandelt und bestätigt. Die vielen Menschen, die seit Pfingsten gemeinsam Gott loben und in geschwisterlicher Liebe miteinander teilen, sind noch kein weltweites Friedensreich. Aber mit der Völkerliste gibt Lukas unmissverständlich zu verstehen, dass die messianische Friedenshoffnung in der Kirche, die an Pfingsten entsteht, aktuell bleibt.

»In der Kirche steckt etwas vom Reich.« Damit hat sie zu allen Zeiten zum Frieden unter den Völkern beizutragen. Sonst müssten wir ehrlicherweise aufhören, das weihnachtliche »Frieden auf Erden« – *et in terra pax* – zu singen. Einzelne können gewiss Friedensstifter sein. Aber es gibt einen Beitrag zum Frieden, den die Kirche nur als Gemeinwesen leisten kann.[88] Die Apostel taten, was Kaiser und Könige als ihren Auftrag verstanden: Frieden stiften, Völker versammeln. Jesus hatte ihnen Throne verheißen, aber sie begriffen, dass sie anders regieren mussten, ohne politische, wirtschaftliche oder militärische Macht. Und doch veränderten sie den

---

[88] Auf einer Tagung in Fanø (Dänemark) im August 1934 sagte Dietrich Bonhoeffer: »Wie wird Friede? Wer ruft zum Frieden, dass die Welt es hört, zu hören gezwungen ist?, dass alle Völker darüber froh werden müssen? Der einzelne Christ kann das nicht – er kann wohl, wo alle schweigen, die Stimme erheben und Zeugnis ablegen, aber die Mächte der Welt können wortlos über ihn hinwegschreiten. Die einzelne Kirche kann auch wohl zeugen und leiden – ach, wenn sie es nur täte – aber auch sie wird erdrückt von der Gewalt des Hasses. Nur das eine *große ökumenische Konzil* der *Heiligen Kirche Christi* aus aller Welt kann es so sagen, dass die Welt zähneknirschend das Wort vom Frieden vernehmen muss und dass die Völker froh werden, weil diese Kirche Christi ihren Söhnen im Namen Christi die Waffen aus der Hand nimmt und ihnen den Krieg verbietet und den Frieden Christi ausruft über die rasende Welt.« Dietrich Bonhoeffer, *Kirche und Völkerwelt*, in: Ders., *Ökumene, Gesammelte Schriften I* (Hg. von Eberhard Bethge), München 1965, 216–219 (218–219).

Lauf der Geschichte. Sie waren Friedensstifter, überwanden Feindschaft, versöhnten Israel und die Völker in der Gemeinschaft der Kirche.

Diese Versöhnung war etwas so Unerhörtes, dass Lukas die Begegnung von Petrus und Kornelius, die er in ein paar Sätzen hätte abhandeln können, zwei Kapitel lang erzählt (Apg 10–11). Er gibt zu verstehen, dass Petrus die Grenze, die Israel von den Völkern trennt, nicht auf eigene Faust überschritt; Visionen, Engelserscheinungen und direkte Rede des Heiligen Geistes führten Regie. Das war auch nötig, denn Petrus tat, was »unstatthaft ist für einen Juden« (Apg 10,28). Er besuchte einen römischen Hauptmann und aß an seinem Tisch. Damit erntete er nicht nur Lob. In Jerusalem musste er empörte Vorwürfe entkräften.

Mit der Kirche entstand eine noch nie dagewesene Gemeinschaft zwischen Juden und Heiden. Sie war ein Wunder angesichts der Verachtung mancher Juden für die Heiden und angesichts des Hasses, mit welchem Griechen und Römer die Juden für alles Übel in der Welt verantwortlich machten. Diese in der Kirche gelebte Eintracht bisher verfeindeter Völker bedeutet Hoffnung auf Frieden.

Es ist nicht selbstverständlich, dass sie gehalten hat. Es brauchte dazu den Regierungsakt der Apostel, der unter dem Namen Apostelkonzil in die Geschichte eingegangen ist (Apg 15). Lukas lässt die Apostel und Ältesten ihre Entschlüsse absichtlich in feierlicher Reichssprache formulieren. Während ein Kaiser Augustus erklärt: »Ich und mein Rat haben beschlossen«,[89] sagen sie: »Der Heilige Geist und wir haben beschlossen.« (Apg 15,28) Der Heilige Geist tritt

---

89 Flavius Josephus, *Antiquitates judaicae* 16, 163.

an die Stelle des Kaisers, und die Apostel und Ältesten an die Stelle seiner Berater. Ihre Beschlüsse sind Regierungsakte und heißen *dógmata* (Apg 16,4), das hat nicht mit Dogmatik, sondern mit Regierung zu tun. Ein *dógma* nennt Lukas in der Weihnachtsgeschichte den Erlass des Kaisers Augustus, »dass sich alle Welt in Steuerlisten eintragen lasse« (Lk 2,1).

Die Apostelgeschichte lehrt, dass an Bemühungen um sichtbare Gemeinschaft unter den Christen niemals zu sparen ist. Frère Roger nannte vor über fünfzig Jahren die Ökumene nicht ein Ziel, sondern eine Voraussetzung.[90] Wir können das Evangelium nicht glaubwürdig verkünden, wenn wir nicht sichtbar zusammengehören. Denn es bleibt »Evangelium vom Reich« (z. B. Mt 24,14) und damit »Evangelium des Friedens« (Eph 6,15), gute Nachricht von der königlichen Herrschaft Gottes. Damit es überhaupt gehört und geglaubt werden kann, braucht es die Kirche als Ort der Gemeinschaft, wo verfeindete Menschen und Völker zu einer großen Familie Gottes werden. In ihr wird deutlich, dass die Königsherrschaft Gottes kein leeres Wort ist.

Die sichtbar gelebte und verwirklichte Gemeinschaft der Christen ist kein Selbstzweck, sondern ein Anfang, ein Vorgeschmack, eine Verheißung des Friedens unter den Völkern. In der Nachfolge der Apostel braucht es auch heute Frauen und Männer, die der Gemeinschaft auf allen Ebenen dienen – in einer Gemeinde vor Ort, in einer Region, einem Land, auf einem Kontinent – sowie ein Dienstamt an weltweit sichtbarer Einheit in Christus.

---

90 Frère Roger, de Taizé, *L'œcuménisme, un préalable*. In: *Dynamique du provisoire. Ecrits de frère Roger*, vol. 4, 2014, 32–33.

Im Lauf der Geschichte trug die Kirche zum Frieden in manchen Ländern und unter den Völkern bei. Die auf Kaiser Konstantin zurückgehende Symphonie von Thron und Altar half Konflikte zu lösen. Aber die enge Verbindung von Staat und Kirche lähmte manchmal auch ihren Friedensauftrag. Konfessions- und Staatskirchen verschärften nationale, ethnische, kulturelle und wirtschaftliche Spaltungen, anstatt Risse und Wunden in der Menschheitsfamilie zu überbrücken und zu heilen.

Die Zeit der christlichen Reiche und Staaten ist vorbei, die heutigen Verhältnisse haben viel mit den vorkonstantinischen gemeinsam. Aber wir dürfen nicht, weil die Kirche an politischem und gesellschaftlichem Einfluss verliert, das Evangelium zum individuellen Heilsangebot verkommen lassen. Es bleibt »Evangelium vom Reich« und damit »Evangelium des Friedens«. Kirche ist mehr als ein Zusammenschluss von Menschen, die gemeinsame Überzeugungen haben. In ihr »steckt etwas von Reich«, Anfänge des Friedens unter den Menschen.

In ganz beschränktem Rahmen erleben wir in Taizé oder auf Treffen des »Pilgerwegs des Vertrauens auf der Erde«, dass in der Kirche Frieden unter den Völkern keimen kann, wenn Gemeinschaft erfahrbar ist. Bei den Europäischen Treffen in den neunziger Jahren beteten junge Kroaten und Serben zum ersten Mal wieder gemeinsam nach dem Krieg. In den Jahren 2014 und 2015 kam es in Taizé zu bewegenden Treffen und Gesprächen zwischen jungen Russen und Ukrainern. In beiden Fällen konnte Frieden keimen, weil sich Christen verschiedener Kirchen und Konfessionen unter einem Dach zum gemeinsamen Gebet und Gottesdienst versammelten.

Die Kirche und die ihr immer vorausgehende Gegenwart Gottes

Die Pfingsterzählung endet mit der Bemerkung: »Alle Glaubenden priesen Gott und standen in der Gunst des ganzen Volkes.« (Apg 2,47) Bald wird Lukas auch von Anfeindung und Verfolgung berichten. Aber am Anfang war die Gemeinde auch bei denen beliebt, die nicht zu ihr gehörten.

Der Begriff *ekklesía* taucht in der Apostelgeschichte nicht am Anfang, sondern erst ab Kapitel 5 auf: »Und große Furcht überkam die ganze Gemeinde [*ekklesía*].« (Apg 5,11) Die Kirche hat klare Konturen: »Sie waren alle einträchtig beisammen in der Halle Salomos; von den andern aber wagte niemand, sich zu ihnen zu gesellen.« (Apg 5,12–13) Man gehört zur Kirche oder eben nicht, genau wie man eine Staatsbürgerschaft hat oder eben nicht. In diesem Sinn heißt es im Epheserbrief, dass die Nichtjuden früher »vom Bürgerrecht ausgeschlossen« waren, aber als Glaubende »Mitbürger und Hausgenossen Gottes« geworden sind (Eph 2,12 und 19). Die Taufe entspricht einer rechtlich gültigen Einbürgerung und der Taufschein, den es natürlich in der alten Kirche noch nicht gab, der Einbürgerungsurkunde.

Diese klaren Verhältnisse bedeuteten aber keinesfalls, dass die Glaubenden nur mit sich selbst beschäftigt waren. »Das Volk war des Lobes voll über sie«, heißt es im selben Vers, der auch ihre Abgrenzung beschreibt (Apg 5,13). Hätte die Kirche von oben auf die andern geblickt und nichts mit Außenstehenden zu tun haben wollen, wäre sie nicht so beliebt gewesen. Die klaren Konturen der Kirche wurden nicht als etwas Abweisendes oder Negatives wahrgenommen.

Leute, die nicht zur Gemeinde gehörten, sahen in ihr eine gute Sache und freuten sich, dass es sie gab.

Lukas hat am Anfang seines Evangeliums Ähnliches von Jesus gesagt: »Er nahm zu an Weisheit und Alter und Gnade bei Gott und den Menschen.« (Lk 2,52) Viele waren begeistert, wenn sie von ihm hörten oder ihm begegneten, auch ohne seine Jünger zu werden. Bis heute findet Jesus erstaunliche Anerkennung weit über die Grenzen von Religion und Kirche hinaus.

Die anfängliche Beliebtheit Jesu und parallel dazu die Beliebtheit der ersten christlichen Gemeinde haben theologisches Gewicht. Lukas hat die Anerkennung, die Menschen Jesus oder der Kirche entgegenbrachten, ohne selbst Jünger zu werden, nicht als etwas Unvollkommenes dargestellt, sondern als eine Art Überfülle. Es gefällt ihm ganz offensichtlich, dass so viele Menschen Jesus und die Kirche gut fanden. Die beginnende Königsherrschaft Gottes nimmt in der Kirche Form und Gestalt an. Und gleichzeitig bricht der Heilige Geist die Dämme und läuft über.

Auf ihrer ersten Missionsreise begegneten Barnabas und Paulus in Zypern dem Prokonsul Sergius Paulus. Einer seiner Berater, ein Magier namens Barjesus, versuchte, den Prokonsul vom Glauben abzuhalten. Darauf strafte Paulus den Barjesus »für eine gewisse Zeit« mit Blindheit. »Als der Prokonsul sah, was da geschehen war, kam er zum Glauben, überwältigt von der Lehre des Herrn.« (Apg 13,6–12) Die erste Person, von der Lukas berichtet, dass sie durch Paulus zum Glauben kam, ist kein Geringerer als ein römischer Prokonsul! Das mag verschiedene Gründe haben: zum Beispiel dass der Name Sergius Paulus so gut zum Namen des Apostels passt. Aber der Hauptgrund dürfte sein, dass Lukas den

Rahmen von Anfang an weit absteckt. Das Evangelium ist keine Geheimlehre, die Kirche keine Sondergruppe. Sie mag zahlenmäßig unbedeutend sein, aber das, was in ihr beginnt, betrifft die Öffentlichkeit des römischen Reiches, vertreten durch den Prokonsul.

Die Kommentare rätseln, ob Sergius Paulus getauft wurde. Manche haben aus der Tatsache, dass Lukas davon nichts sagt, auf die Unvollständigkeit des Glaubens des Prokonsuls geschlossen. Das ist aber kaum einleuchtend, denn bei Lukas ist der Ausdruck »zum Glauben kommen« immer positiv besetzt. Sehr unwahrscheinlich ist aber tatsächlich, dass in den vierziger Jahren des ersten Jahrhunderts ein Prokonsul Mitglied einer christlichen Gemeinde wurde. Wie die Pfingsterzählung hat auch diese Geschichte prophetischen Charakter. Lukas konnte nicht wissen, dass weniger als dreihundert Jahre später nicht nur Prokonsule, sondern auch römische Kaiser Christen würden. Aber er hat es irgendwie vorausgeahnt.

Gott ist der Kirche immer voraus. In Lystra versichert Paulus Menschen, die den lebendigen Gott nicht kennen: »Er hat euch Regen gesandt vom Himmel herab und Zeiten der Ernte, er hat euch gesättigt mit Speise und euer Herz erfüllt mit Freude.« (Apg 14,17) Die ersten Christen hatten keine Minderheitskomplexe. Sie stritten nicht ab, dass Leben und Lebensfreude aller Menschen vom lebendigen Gott kommen. Sie teilten die Güte ihres himmlischen Vaters gern mit allen, auch mit denen, die nicht zur Erkenntnis des wahren Gottes fanden. Lukas berichtet nicht ohne Humor, wie schwer es Barnabas und Paulus in Lystra fiel, ihre Zuhörer davon zu überzeugen, dass es nur einen Gott gibt und dass sie selbst keine Götter waren: »Sie konnten das Volk nur mit Mühe davon abbringen, ihnen zu opfern.« (Apg 14,18)

Auch die beiden letzten Kapitel der Apostelgeschichte stellen den Überschwang der Königsherrschaft Gottes lebendig dar. Paulus war als Gefangener unterwegs nach Rom. Das Schiff, das ihn nach Italien bringen sollte, geriet in einen heftigen Sturm und erlitt auf der Insel Malta Schiffbruch. Als Paulus von einer Schlange gebissen wurde, schlossen die Malteser daraus, er müsse ein Mörder sein. Da ihm aber kein Unheil geschah, »änderten sie ihre Meinung und sagten, er sei ein Gott« (Apg 28,6). Diesmal versuchte Paulus nicht einmal, sie eines Besseren zu belehren. Er und seine Gefährten nahmen dankbar die Gastfreundschaft an, die ihnen der »vornehmste Bürger der Insel« anbot (Apg 28,7). Drei Tage lang waren sie beim Großgrundbesitzer Publius zu Gast.

»Es traf sich aber, dass der Vater des Publius mit Fieber und Durchfall darniederlag. Da ging Paulus zu ihm hinein und betete, legte ihm die Hände auf und machte ihn gesund. Daraufhin kamen auch die übrigen Kranken der Insel herbei und ließen sich heilen.« (Apg 28,8–9) Mit dieser Szene schließt Lukas den Kreis zum Anfang des Evangeliums, wo er ganz ähnlich von den Anfängen Jesu in Galiläa erzählt. »Die Schwiegermutter des Simon aber war von hohem Fieber befallen, und sie wandten sich ihretwegen an ihn. Und er trat zu ihr, beugte sich über sie, schrie das Fieber an, und es wich von ihr. Und auf der Stelle stand sie auf und bewirtete sie. Als die Sonne unterging, brachten sie alle ihre Kranken, die an Krankheiten aller Art litten, zu ihm. Und er legte jedem einzelnen von ihnen die Hände auf und heilte sie.« (Lk 4,38–40)

Jesus und Paulus taten unzähligen Menschen Gutes und ließen sie ihres Weges ziehen. Auf der Insel Malta gründete Paulus keine Gemeinde – wie hätte er das als Gefangener auch tun können? Lukas sagt nicht einmal, dass er den Namen Jesus erwähnte. Der Prokonsul Sergius Paulus war zum Glauben gekommen, von Publius und seiner Familie aber erfahren wir nur, dass sie Paulus und seinen Gefährten tiefe mitmenschliche Güte erwiesen: »Auf vielerlei Weise bezeugten sie uns ihre Ehrerbietung, und bei unserer Abfahrt gab man uns mit, was wir nötig hatten.« (Apg 28,10) Mehr sagt Lukas nicht. Nichtsdestoweniger gewinnt hier die Königsherrschaft Gottes an Boden.

Gott ist uns voraus. Frère Alois war 2014 mit anderen Brüdern zu einem Treffen in Australien eingeladen. Einer der bewegendsten Momente waren die Begegnung und das gemeinsame Gebet mit Aborigines. Einer von ihnen sagte: »Gott war schon bei uns, noch bevor die Christen kamen.« Wie lernen wir, die Gegenwart Gottes und das uns immer vorausgehende Wirken des Heiligen Geistes wahrzunehmen?

Und wie gehen wir damit um, dass die Christen in vielen traditionell christlichen Ländern Minderheiten werden? Mühsam eine gesellschaftliche Stellung zu behaupten und politischen Einfluss zu sichern, ist eine Sackgasse. Aber warum nicht wieder lernen, wie es geht, »beim ganzen Volk beliebt« zu sein (Apg 2,47)? Das ist natürlich nicht immer möglich. Wir dürfen die Worte Jesu nicht vergessen: »Selig seid ihr, wenn euch die Menschen hassen und wenn sie euch ausschließen, beschimpfen und euren Namen in den Dreck ziehen um des Menschensohnes willen.« (Lk 6,22) Und dennoch. Lukas wusste, was er schrieb. Er hat dieses

Jesuswort treu überliefert und doch auch von der großen Beliebtheit der ersten Gemeinde gesprochen.

Die Anerkennung der Christen braucht nicht so weit zu gehen wie damals, als Barnabas und Paulus als Götter verehrt wurden. Es genügt, wenn Außenstehende das, was in der Kirche geschieht, ab und zu mit Wohlwollen wahrnehmen. Am Dorfeingang von Taizé hörte ich einmal im Vorübergehen, wie ein Landwirt aus der Nachbarschaft, der gerade seine Kühe tränkte, Radtouristen Taizé erklärte. Ich glaube nicht, dass er oft zur Kirche kommt, wenn überhaupt. Aber mit einem gewissen Stolz lud er die Radfahrer ein, zu einer Gebetszeit vorbeizukommen, wenn unzählige Jugendliche zur Kirche strömen.

Ähnliches erleben wir bei Europäischen Jugendtreffen. Eine Stadt und ihre Umgebung nehmen zehntausende von jungen Menschen in Familien auf. Die gemeinsamen Gebete stehen allen offen. Tagsüber gibt es Workshops zu verschiedenen Themen, in Strasbourg 2013 zum Beispiel auch eine Diskussion mit Abgeordneten, bei der im Europaparlament sogar ein Lied angestimmt wurde. Drei Jahre zuvor, im Jahr 2010, fand das Europäische Treffen in Rotterdam statt. Nicht nur die Kirchen, sondern auch der muslimische Bürgermeister der Stadt freute sich am Treffen.

Die Atmosphäre solcher Treffen erinnert an das Wirken Jesu in Galiläa oder an Paulus auf der Insel Malta. Die Menschen, die herbeiströmen, bekommen etwas mit und ziehen ihres Weges. Dietrich Bonhoeffer stellte im Gefängnis in Tegel die Frage: »Wie kann Christus der Herr auch der Religionslosen werden?«[91] Das Reich Christi erstreckt sich über

---

[91] Dietrich BONHOEFFER, *Widerstand und Ergebung. Briefe und Auf-*

die sichtbaren Grenzen der Kirche hinaus, wenn Menschen einander Gastfreundschaft gewähren und sich auch Nichtglaubende im gemeinsam gesungenen Gebet angenommen und verstanden fühlen.

Fruchtbare Ratlosigkeit

Es gibt noch viel von der Apostelgeschichte zu lernen, zum Beispiel die fruchtbare Ratlosigkeit. Die Juden aus allen Völkern und Ländern in Jerusalem waren an Pfingsten ratlos angesichts der hundertzwanzig Galiläer, die froh die großen Taten Gottes verkündeten. Sie sagten: »Was soll das bedeuten?« (Apg 2,12) Und nachdem sie Petrus gehört hatten, fragten sie: »Was sollen wir tun?« (Apg 2,37)

Die Apostel wussten oft selbst nicht, wie es weitergehen sollte. Das Evangelium verbreitete sich zunächst ohne irgendeinen Plan. An Pfingsten ergriff Petrus das Wort, weil er dazu gezwungen war: Er musste das Missverständnis abwehren, die Jünger seien betrunken. Die Gefährten des Stephanus verkündeten in Samaria das Evangelium, weil sie aus Jerusalem vertrieben worden waren. Petrus wusste nicht, wozu Kornelius ihn zu sich bitten ließ, und Kornelius wusste nicht, warum er Petrus rufen sollte; erst ihre Begegnung löste das Rätsel. Paulus schmiedete zwar Reisepläne, wusste aber manchmal weder aus noch ein.

---

zeichnungen aus der Haft, hg. v. Christian Gremmels, Eberhard Bethge und Renate Bethge in Zusammenarbeit mit Ilse Tödt, München 1998, 404.

»Was sollen wir tun?« Es schadet nichts, dass wir nicht immer verstehen, was geschieht, und nicht weiterwissen. Ratlosigkeit kann fruchtbar sein. Es braucht sie vielleicht sogar, um die Konturen der Kirche für unsere Zeit zu erahnen.

Einkehr und Sendung

Die Apostelgeschichte ist eine Fundgrube für das Nachdenken über den Auftrag der Zeugen Christi. Zwar waren die Apostel seine Augenzeugen, und wir sind es nicht. Aber ihre Erfahrung zeigt auch uns, wie Einkehr und Sendung zusammengehören.

Aufbrechen und Innehalten

Beim Lesen der Apostelgeschichte fällt sofort auf, wie in ihren ersten Kapiteln Aufbrechen und Innehalten, Handeln und Warten einander abwechseln. Der auferstandene Jesus sagte zu seinen Aposteln: »Ihr werdet meine Zeugen sein, in Jerusalem, in ganz Judäa, in Samaria und bis an die Enden der Erde.« (Apg 1,8) Hätten diese Worte sie nicht zum Aufbruch bewegen sollen? Anstatt sich auf den Weg zu machen, kehrten sie aber an ihren vertrauten Ort zurück. »Sie gingen in das Obergemach, wo sie sich aufzuhalten pflegten.« (Apg 1,13)

Doch das, was in diesem Obergemach geschah, war entscheidend. »Dort hielten sie alle einmütig fest am Gebet, zusammen mit den Frauen, mit Maria, der Mutter Jesu, und mit seinen Geschwistern.« (Apg 1,14) Sie warteten und beteten. Die Anwesenheit Marias und der Geschwister Jesu gab ihrer Gemeinschaft familiäre Züge.

In der Folge erzählt die Apostelgeschichte, wie sich das Evangelium ab Pfingsten wie ein Lauffeuer verbreitet. Aber immer wieder unterbricht die Beschreibung des gemeinsamen Lebens und des Innehaltens die Handlung. »Die Glaubenden hielten fest an der Lehre der Apostel und an der Gemeinschaft, am Brechen des Brotes und am Gebet.« (Apg 2,42) Das Wort Gottes, das Miteinander-Teilen, die Eucharistie und das Gebet sind bleibende Quellen im Leben der Kirche.

Es ist an der Zeit, dass wir mutig vom Glauben reden und ihn weitergeben. Aber ohne aufmerksames Hören und betendes Warten geschieht nichts. Marias Anwesenheit im Obergemach erinnert daran, wie alles anfing. Sie hat sich dem Willen Gottes zur Verfügung gestellt. Der Sohn Gottes wuchs in ihrem Leib und kam zur Welt. Und sie behielt ihr Kind nicht für sich selbst zurück, sondern ließ Jesus gehen.

Ob wir in einer Partnerschaft oder als Familie, allein oder in einer Gemeinschaft leben – wir sind eingeladen, das Wort Gottes wie Maria zu empfangen. Es wird in unserem Leben Gestalt annehmen. Und wenn »Christus in uns geformt ist« (Gal 4,19), wie Paulus sagt, werden wir nicht anders können, als ihn zur Welt zu bringen, und ihn mit den Menschen in unserer Umgebung zu teilen.

Schmerzhafte Erinnerungen heilen

Kehren wir zur Apostelgeschichte zurück. Die Gemeinde verharrt einmütig im Gebet, aber Pfingsten kommt nicht sofort. Die Jünger sind noch nicht ganz bereit. Sie wissen, dass der Tod nicht das letzte Wort hatte und dass Jesus lebt.

Aber da ist noch eine schmerzhafte Erinnerung, die sie lähmen könnte. Die Apostel waren nur noch elf. Die Lücke, die Judas hinterließ, erinnert an ein Unglück, an einen tiefen Riss.

Um bereit zu werden, das Evangelium zu bezeugen, stellen die Glaubenden diese schmerzhafte Angelegenheit in das Licht Gottes. Wie es kommen konnte, dass einer von ihnen Jesus verriet, können sie nicht erklären. Die Heilige Schrift erlaubt ihnen aber, das Unbegreifliche in Gott zu lassen. Es bringt nichts, darauf zurückzukommen. Das Hören auf Gottes Wort und das Gebet richten ihren Blick nach vorn. Sie wählen Matthias, und die Apostel sind wieder zwölf. Erst jetzt sind sie bereit für Pfingsten und den Beginn ihrer Sendung.

Dieses Ereignis legt den Finger auf etwas, das für Zeugen des Evangeliums unabdingbar ist. Schmerzhafte Erinnerungen werfen Schatten. Die Apostel haben diese Erfahrung gemacht, und wir brauchen uns nicht zu schämen, wenn auch wir enttäuscht sind, wenn uns manchmal sogar sehr nahestehende Menschen verletzt haben. Wir müssen von dem, was uns belastet, befreit werden, um das Evangelium bezeugen zu können.

Die Heilung quälender Erinnerungen, oder wenigstens die Linderung ihrer Schmerzhaftigkeit, macht Menschen zu lebendigen Zeugen Christi. Oft ist es nötig, zu vergeben oder um Vergebung zu bitten. Es kann auch, wie im Fall von Judas, angebracht sein, das, was unbegreiflich bleibt, in Gott zu lassen. Seine Vergebung kann von der Belastung durch eine ungute Vergangenheit entbinden. An Pfingsten atmen die Glaubenden große Freiheit. Die Freude des Heiligen Geistes führt sie hinaus ins Weite. Sie lassen in Gott zurück, was sie infolge ihrer Enttäuschung und Erschütterung lähmen könnte.

Nichts widerspricht dem Zeugnis für das Evangelium so sehr wie Zerstrittenheit, Groll und Bitterkeit. Derselbe Geist, der die Glaubenden zu Zeugen macht, gibt ihnen auch »ein Herz und eine Seele« (Apg 4,32). Wo der Friede Christi herrscht, wird es ebenso selbstverständlich wie an Pfingsten, ihn zu bezeugen.

Sich herausfordern lassen

Der Heilige Geist bewirkt sowohl das Zeugnis für Christus als auch das Leben in der Gemeinschaft. Sendung und Einkehr gehören untrennbar zusammen. In der Apostelgeschichte stellt sich nicht einmal die Frage, welches von diesen beiden Priorität hat. Alles scheint zur rechten Zeit zu kommen. Aber woher wissen die Apostel, wann es Zeit zum Reden, und wann es Zeit zur Einkehr ist?

Am Anfang ergreifen die Apostel keine Initiative, sondern werden zum Reden gezwungen. Am Pfingstmorgen (Apg 2) ist die Gemeinde zum Gebet versammelt. Ihr Gottesdienst bleibt aber nicht verborgen. Passanten, die sehen und hören, was geschieht, machen sich lustig. Sie schließen auf reichlichen Weingenuss.

Was werden die Apostel tun? Sie hätten schweigen und den dummen Spott ignorieren können. Aber sie sind nicht verärgert. Sie lassen sich auf ihre Spötter ein, nehmen ihre Herausforderung an. Petrus steht auf, räumt das Missverständnis aus und bezeugt Christus und den Heiligen Geist. Auch der zweite öffentliche Auftritt ist nicht geplant, sondern nötig, um ein Missverständnis zu klären (Apg 3). Petrus wird für einen Wunderheiler gehalten, und muss um der Wahrheit willen von Jesus erzählen.

In beiden Fällen fängt alles mit dem Gebet an: an Pfingsten mit dem Gemeindegebet, im anderen Fall mit dem Gebet im Tempel, zu dem Petrus und Johannes sich anschicken. Es ist die Glut der Gemeinschaft und des Gebets, die das Lauffeuer der Guten Nachricht entfacht. Im gemeinsamen Leben und im Gebet verwurzelt, waren die ersten Glaubenden bereit, sich herausfordern zu lassen, und wurden zu Zeugen. »Seid stets bereit, Rede und Antwort zu stehen, wenn jemand von euch Rechenschaft fordert über die Hoffnung, die in euch ist.« (1 Petr 3,15)

Wie damals die ersten Christen, sind wir dazu berufen, Christus zu bezeugen. Zeugen brauchen nichts zu erfinden, das ist ihnen sogar verboten! Sie sollen nichts anderes, als »reden von dem, was sie gesehen und gehört haben« (Apg 4,20). Wir werden zu Zeugen, wenn wir uns auf herausfordernde Begegnungen und Situationen einlassen, wenn wir erzählen, was wir erleben und aus welcher Quelle wir leben. Jesus sagte: »Spricht doch der Mund nur aus, wovon das Herz überquillt.« (Mt 12,34)

»Löscht den Geist nicht aus!«[92]

Freut euch allezeit,
betet ohne Unterlass,
dankt in allem,
das ist der Wille Gottes in Christus Jesus für euch.
Löscht den Geist nicht aus,
verachtet prophetische Rede nicht,
prüft aber alles,
behaltet das Gute,
meidet das Böse in jeder Gestalt.
1. Thessalonicher 5,16–22

Propheten können irren. Man darf ihnen nicht alles glauben. Man kann nicht einfach alles gutheißen und annehmen, was sie sagen. Propheten haben nicht immer Recht. Deshalb schreibt Paulus: »Verachtet prophetische Rede nicht. Prüft aber alles, behaltet das Gute.«

Aber was ist prophetische Rede? Es gibt Propheten im Alten und im Neuen Testament, im Ersten und im Neuen Bund. Sie sind beauftragt, den Willen Gottes bekannt zu machen.

---

[92] Predigt im Basler Münster anlässlich der Vorbereitungen des 40. Europäischen Jugendtreffens, das vom 28. Dezember 2017 bis 1. Januar 2018 in Basel stattfand.

Johannes der Täufer war ein Prophet, und mehr als ein Prophet (Mt 11,9). Auch Jesus war ein Prophet, von ihm sagten die Leute voll Staunen: »Ein großer Prophet ist unter uns aufgestanden.« (Lk 7,16) Beide, Johannes und Jesus, machten jeder auf seine Weise den Willen Gottes bekannt.

In diesem Sinn war auch Paulus ein Prophet. Er spricht vom »Willen Gottes in Christus Jesus für euch«. Paulus wurde offenbart, dass Christus in Person das Geheimnis des ewigen Ratschlusses Gottes ist. Wenn wir auf Christus schauen und hören, erkennen wir den Willen Gottes.

Johannes vom Kreuz, ein spanischer Gottesmensch des 16. Jahrhunderts und Weggefährte von Theresa von Ávila, brachte es auf den Punkt und schrieb: »Ein Wort hat der Vater gesprochen, und dieses Wort war sein Sohn.«[93] Weil Gott in Christus alles gesagt hat, sind im Neuen Bund Visionen und prophetische Worte eigentlich nicht mehr nötig.

In und mit Christus ist klar und offenbar, was Gott will: »Er will, dass allen Menschen geholfen wird und sie zur Erkenntnis der Wahrheit kommen.« (1 Tim 2,4)

Der Wille Gottes ist in Jesus Christus offenbar – und doch bleiben Fragen. Was haben wir, was habe ich heute, morgen, nächste Woche, in den kommenden Monaten, in meinem Leben zu tun?

»Ein Wort sprach der Vater, und dieses Wort war sein Sohn.« Und doch gibt es auch im Neuen Bund prophetische Rede, zum Beispiel in der Apostelgeschichte.

Lukas erzählt von einem gewissen Agabus aus Jerusalem. Er ging Ende der Dreißigerjahre des ersten Jahrhunderts mit

---

[93] Juan de la Cruz, *Dichos de amor y de luz* (Worte von Licht und Liebe): »Una palabra habló el Padre, que fue su Hijo« (Nr. 99).

seinen Gefährten nach Antiochia, um Geld für die Gemeinde in Jerusalem zu sammeln. Er heißt Prophet, weil er vom Heiligen Geist getrieben war, angesichts der Not, die sich am Ende der Kaiserzeit Caligulas abzeichnete, nicht einfach die Hände in den Schoss zu legen, sondern etwas zu unternehmen. Aber Propheten können irren und müssen geprüft werden: Die Christen in Antiochia sammelten zwar Geld für ihre Glaubensgeschwister in Jerusalem, übergaben es aber nicht Agabus und seinen Gefährten, sondern beauftragten Barnabas und Saulus, die Gaben zu überbringen (Apg 11,27–30).

Kaum waren Barnabas und Saulus nach Antiochia zurückgekehrt, erhielten sie durch prophetische Rede einen neuen Auftrag. Lukas berichtet: »Als die Gemeinde betete und fastete, sprach der Heilige Geist: Beauftragt mir Barnabas und Saulus mit dem Werk, zu dem ich sie berufen habe.« (Apg 13,2) Aufgrund dieser prophetischen Worte machten sie sich auf den Weg und erreichten schon die heutige EU, sie kamen nach Zypern.

»Löscht den Geist nicht aus. Verachtet prophetische Rede nicht. Prüft aber alles, behaltet das Gute.« Warum sollte man denn prophetische Rede verachten? Wer auf Nummer sicher gehen will, wird Menschen wie Agabus nicht unbedingt trauen: Wie kann man schon wissen, ob ihre Ahnungen und Intuitionen richtig sind? Hätten Barnabas und Saulus auf Nummer sicher gehen wollen, wären sie nicht einfach losgezogen, nachdem jemand beim gemeinsamen Beten auf die Idee kam, sie auf Reisen zu schicken.

Prophetische Rede kann Verachtung ausgesetzt sein, weil Propheten nicht nur nichts im Voraus beweisen, sondern sich eben auch wirklich irren können. Paulus wusste es sicher aus eigener Erfahrung. Daher seine Ermahnung: »Verachtet prophetische Rede nicht. Prüft aber alles, behaltet das Gute, meidet das Böse in jeder Gestalt.«

Propheten können irren. Wer Intuitionen und Visionen zulässt, kann sich und andere damit täuschen. Ist es da nicht besser, sich auf das zu beschränken, was schwarz auf weiß in der Bibel steht, oder auf das, was man schon immer tat, oder auf das, was bis ins Letzte rational begründbar ist? Gegen solche Einschränkungen wehrt sich Paulus mit seiner Aufforderung: »Löscht den Geist nicht aus. Verachtet prophetische Rede nicht.«

»Löscht den Geist nicht aus.« Dahinter steht das Bild vom Feuer: »Löscht das Feuer nicht aus!« Aber Feuer ist natürlich gefährlich, gefährlich wie die Propheten, die sich irren können. Und Feuer ist lebendig wie der lebendige Gott. Barnabas und Saulus zogen los wie ein Lauffeuer, die Verkündigung des Evangeliums war nicht mehr aufzuhalten.

Was löscht das Feuer aus? Dazu eine kleine Geschichte. Frère Roger kam im August 1940 nach Taizé. Er kaufte ein altes Haus im Dorf. Bis zu seinem Tod im August 2005 lebte er dort im selben Zimmer, das einen offenen Kamin hat. In meinen ersten Jahren als junger Bruder hatte ich die Aufgabe, am Morgen Feuer zu machen. Als ein paar Jahre später die Fenster des Zimmers ersetzt wurden, wollte es nicht mehr richtig brennen. Der Grund dafür ist ganz einfach: Die neuen Fenster schlossen so gut, dass es keinen Durchzug mehr gab.

Damit das Feuer brennen kann, braucht es Ritzen und Durchzug. Wo alles perfekt ist, wo es keine Löcher und Lücken mehr gibt, da weht der Heilige Geist nicht mehr. »Verachtet prophetische Rede nicht.« Mit andern Worten: Wagt Vertrauen.

Die von Taizé in Europa und auf anderen Kontinenten organisierten Jugendtreffen sind Stationen auf einem »Pilgerweg des Vertrauens«. Frère Roger hat ihn ins Leben gerufen. Er zitierte gern den Satz aus dem 2. Korintherbrief: »Wir leben im Glauben, nicht im Schauen.« (2 Kor 5,7) Oder auch aus dem Hebräerbrief: »Abraham zog aus, ohne zu wissen, wohin er kommen würde.« (Hebr 11,8) Abrahams Leben war ein Pilgerweg des Vertrauens.

In Taizé wurde und wird uns die Erfahrung, dass Propheten irren können, nicht erspart. Intuitionen, neue Gedanken und Ideen sind fragil und anfechtbar, auch wenn der Heilige Geist sie wirkt. In der über fünfundsiebzigjährigen Geschichte von Taizé ist einiges misslungen. Die Jugendtreffen sind nicht einfach eine Erfolgsgeschichte. Manches ist in Taizé schiefgelaufen, weil die Brüder den Geist nicht auslöschen wollten. Und ich glaube, genau deshalb ist auch vieles gelungen. Dafür sind wir dankbar.

Frère Roger pflegte zu sagen: »Ce n'est pas grave de se tromper«, es ist nicht schlimm, sich zu irren. Schlimm wäre, darauf zu beharren. Daher die Mahnung des Paulus: »Prüft alles, behaltet das Gute, meidet das Böse in jeder Gestalt.« Im Neuen Bund gehen die Hochachtung und das Ernstnehmen der prophetischen Rede Hand in Hand mit der vorbehaltlosen Bereitschaft, sich prüfen und korrigieren zu lassen.

Da es der Geist ist, der Eingebungen gibt und prophetisches Reden bewirkt, müssen diese auch in einem geistlichen Klima geprüft, ausprobiert und korrigiert werden. Noch bevor Paulus auffordert, alles zu prüfen, sagt er: »Freut euch allezeit. Betet ohne Unterlass. Dankt in allem, das ist der Wille Gottes in Christus Jesus für euch.«

Der Wille Gottes ist da erkennbar, wo Freude, Gebet und Dankbarkeit den Ton angeben. Ohne Freude wird der Geist erstickt und ausgelöscht, bevor er überhaupt sprechen kann. Ohne Gebet und stetige Ausrichtung auf Gott werden wir selbstherrlich. Ohne Dankbarkeit verachten wir vor lauter Bedauern über das, was wir nicht haben, das Gute, das uns schon geschenkt ist.

Die Freude gibt den Intuitionen und Eingebungen Raum, wer sich freut, vergisst sich selbst und wagt etwas. Die betende Aufmerksamkeit auf Gott macht fähig, Gutes zu erkennen und Böses zu meiden. Die Dankbarkeit ist Licht und schärft den Blick, während Bitterkeit und Auflehnung wie Nebelschwaden jede klare Sicht hindern.

»Prüft aber alles, behaltet das Gute.« Oft geht es nicht anders, als eine Idee einfach auszuprobieren. Irrtum und Fehler werden uns nicht erspart. Aber Freude, Gebet und Dankbarkeit machen sie weniger gefährlich. Sie können sie sogar unschädlich machen, indem sie uns im Frieden Gottes bewahren.

Erstveröffentlichungen

Weht der Heilige Geist durch die Lücken und Brüche, die abweichende Übersetzungen hinterlassen?

Brat Rišar iz Tèze, *Dyšit li Svjatoj Duh v nesovpadenii tolkovanij i perevodov?* In: *Predanie i perevod*, Kiew 2014, 123–132.

Ist Barmherzigkeit gefährlich und ungerecht?

Brat Rišar iz Tèze, *Miloserdja: čy je v n'omu nebezpeka i nespravedlyvist'? Spravedlyvist' i ljubov za Jevangelijem.* In: *Dovira. Gidnist'. Miloserdja*, Kiew 2017, 27–35.

Fratel Richard, *Il costo della misericordia*. L'Osservatore romano (18. November 2016), 5.

Die Kleinen im Matthäusevangelium

Brat Rišar iz Tèze, *Deti i mladency, malye i men'šie v Evangelii ot Matfer.* In: *Detstvo v hristianskoj tradicii i sovremennoŭ kulture*, Kiew 2012, 80–90.

Frère Richard, *Kinder, Kleine, Unmündige und Geringe im Matthäusevangelium.* Communio (ikaZ) 42 (2013), 633–645.

Judas, „einer der Zwölf"

Br. Richard z Taizé, *Judasz, jeden z Dwunastu.* Pastores 41 (2008/4), 107–111.

Aus Freude verzeihen

Brat Rišar iz Tèze, *«Prostim vsja Voskreseniem»: radost' kak istočnik proščenija.* In: *Praznik: blagodarenie, osvoboždenie, edinenie*, Kiew 2011, 108–115.

Das Wort vom Kreuz

Frère Richard, Taizé, *„Ist Christus etwa zerteilt?" Das Wort vom Kreuz als Quelle der Versöhnung im 1. Korintherbreif und heute.* In: Johannes von Lüpke/Christian Brouwer (Hg.), *Ein Kreuz – viele Ansichten. Theologie des Kreuzes in Wort und Bild,* Rheinbach 2015, 223–232.

Konturen der Kirche nach der Apostelgeschichte

Frère Richard, *Konturen der Kirche nach der Apostelgeschichte.* In: Walter Dürr/Ralph Kunz (Hg.), *Gottes Kirche re-imaginieren. Reflexionen über die Kirche und ihre Sendung im 21. Jahrhundert,* Münster 2016, 161–173.

Einkehr und Sendung

Frère Richard, *Ressourcement et mission.* Lettre des Équipes Notre-Dame n° 185, Januar–Februar 2010, 4–7.